BIBLIOTECA INTERAMERICANA BILINGÜE

PRE-HISPANIC COOKING

COCINA PREHISPÁNICA

ANA M. DE BENÍTEZ

SIXTH IMPRINT
SEXTA IMPRESION

EDICIONES EUROAMERICANAS

The text of this book has been translated
into English by Mary Williams de Varela.
Drawings from Pre-columbian originals by
Rafael Ramos Villegas.
The photograph of the cover is a detail of
the mural "The Huaxtec Civilzation and
the Cultivation of the Corn" by Diego Rivera
(1950). The author expresses her acknowledgment to the
Banco de Mexico for the kind permission of
reproduction. Photograph: Franz Harald Werner.

El texto de este libro ha sido traducido
al inglés por Mary Williams de Varela.
Dibujos según originales precolombinos por
Rafael Ramos Villegas.
La foto de la portada es un detalle del mural
"La Civilización Huaxteca y el Cultivo del
Maíz" de Diego Rivera (1950). La autora agradece
al Banco de México el amable
permiso de reproducción. Foto: Franz Harald Werner.
Supervisión tipográfica: Edmundo Haquet Rojas

PRIMERA IMPRESION 1974
SEGUNDA IMPRESION 1976
TERCERA IMPRESION 1980
CUARTA IMPRESION 1986
QUINTA IMPRESION 1988

SEXTA IMPRESION 1991

EDICIONES EUROAMERICANAS KLAUS THIELE
APARTADO 24-434 México, 7 D.F. MEXICO

IMPRESO EN MEXICO PRINTED IN MEXICO

COOKS

A woman who can cook will has to know how to do the following: to make good things to eat, to make *tortillas* to make a good dough, to know how much yeast to add, for all of this she must be diligent and hardworking; she must know how to make her *tortillas* flat and round and well formed, or on the other hand make them long or make them thin or make them with folds, or roll them up with chili sauce; she must know how to put cooked mashed beans in *tamal* dough, and make meat *tamales*, such as *empanadillas* and other popular dishes. A woman who is good at her duties knows how to taste her cooking, is clever and clean at her work and makes fine and tasty dishes.

"A woman who is not good at her duties is tiresome and annoying for she cooks badly, is dirty and swinish, greedy and sweet-toothed and cooks *tortillas* badly, and her dishes are burnt or salty or sour, and she is completely vulgar and coarse."

TLALOC
(Cod. Vaticano, A)

GUISANDERAS

TLALOC
(Cod. Vaticano, A)

La mujer que sabe guisar bien tiene por oficio entender en las cosas siguientes: Hacer bien de comer, hacer tortillas, amasar bien, saber echar la levadura, para todo lo cual es diligente y trabajadora; y sabe hacer tortillas llanas y redondas y bien hechas, o por el contrario, hácelas prolongadas y hácelas delgadas, o hácelas con pliegues, o hácelas arrolladas con ají; y sabe echar masa de frijoles cocidos en la masa de los tamales, y hacer tamales de carne, como empanadillas, y otros guisados que usan. La que es buena en este oficio, sabe probar los guisados, entendida y limpia en su oficio, y hace lindos y sabrosos guisados.

"La que no es tal, no se le entiende bien el oficio, es penosa y molesta porque guisa mal, es sucia y puerca, comilona, golosa y cuece mal las tortillas, y los guisados de su mano están ahumados, o salados o acedos, y tal que en todo es grosera y tosca."

FRAY BERNARDINO DE SAHAGÚN

TO ALL MY CHILDREN

Together we have carried out much research; botanical, philological, archeological, ethnological, and literary, in order to unravel the roots and legends of Mexican cooking and its ingredients.

An so I dedicate this book to my collaborators.

A MIS HIJOS

Entre ellos y yo hemos llevado a cabo numerosas investigaciones; botánicas, filológicas, arqueológicas, etnológicas o literarias para desentrañar las raíces y leyendas acerca de la cocina mexicana y sus ingredientes.

Así pues dedico a mis colaboradores este libro.

INTRODUCTION

Mexican cooking is certainly, as we ourselves are, the product of the joining of two peoples and two cultures.
We must differentiate between the European cooking of the sixteenth century and of the present day and also show that the Aztecs had a wide variety of dishes, contrary to what is generally supposed: that their cooking was very limited and even rather wretched.
We can safely say that the Aztecs had fine palates and used condiments appropriately, their tastes being comparable to that of the most refined gastronomic.
They knew the art of eating well, as has been shown by that keen connoisseur and lover of the traditions of the Aztec people, FRAY BERNARDINO de SAHAGÚN, in his work *The General History on the Things of New Spain* which is considered the Bible on prehispanic societies. In this book we find a most varied list of birds, fish, game, fruits, vegetables and cereals, and how they were prepared. They were seasoned

INTRODUCCION

La cocina mexicana es, sin duda, como nosotros mismos, el producto del encuentro de dos pueblos, dos culturas dominantes.
Se debe destacar las diferencias entre la comida europea del siglo XVI y la actual, y asimismo demostrar que en la cocina azteca había una gran variedad de platillos, en contra de lo que generalmente se cree, que era muy limitada y aún mezquina.
Podemos asegurar que los aztecas eran personas de "buen paladar" y usaban apropiadamente los condimentos, siendo su gusto comparable al del más refinado gastrónomo.
Conocían el arte del buen comer, como así lo ha demostrado el acucioso conocedor y amante de las tradiciones del pueblo azteca FRAY BERNARDINO DE SAHAGÚN, en su obra *Historia General de las cosas de la Nueva España*, considerada como la biblia de las sociedades prehispánicas. En ella encontramos una lista variadísima de aves, peces, caza mayor,

in the most delicious manner and with spices which were completely different from those of other countries.

On the basis of information given by the illustrious friar and under the auspices of the above-mentioned work, we shall try to identify some of the dishes which he mentions.

Bernal Díaz del Castillo, who speaks with admiration of Moctezuma, of his distinguished presence and his manners, notes in his *True History of the Conquest of New Spain* that "he was of very good mien and a very great gentleman, and very fine in his manners."

The Aztecs who were accomplished gastronomies, according to Díaz del Castillo, had, at their disposal, a wide range of substances for their cooking: hens, double-chinned cocks (turkeys or *guajolotes*), marsh birds (*chichicuilotes*), birds with a pleasant flavor and beautiful plumage such as quails, turtledoves and pheasants, fish and shellfish from fresh water and from the sea; the latter were transported by men in relays from the coast to the kitchen of the emperor, where they were cooked with consummate skill.

Huexolotl
(Turkey)

Huexolotl
(Guajolote)

frutas, verduras y cereales, y de cómo eran preparados, sazonados en forma exquisita y con especias totalmente distintas a las de otros pueblos.

Basándonos en los datos del ilustre fraile, y bajo la tutela de la ya mencionada obra, trataremos de identificar algunos de los platillos a los que en ella hace referencia.

Bernal Díaz del Castillo, que nos habla con admiración de Moctezuma, de su señorío y modales, señala en su *Historia Verdadera de la Conquista de la Nueva España* que "era de muy buen ver, e muy grande señor, e muy fino en sus modales".

Los aztecas, gastrónomos consumados al decir de Díaz del Castillo, disponían de gran diversidad de sustancias para su cocina, gallinas, gallos de papada (*guajolotes o pavos*), pajaritos de caña (*chichicuilotes*), aves de gran sabor y bello plumaje tales como codornices, tórtolas y faisanes, peces y mariscos, de agua dulce y de agua salada, que eran transportados por medio de relevos, desde la costa hasta la cocina del emperador, en donde eran aderezados con verdadera maestría.

The manners of the great Aztec lord were exquisite, according to Bernal, and his behavior towards the ancients of his retinue was refined and respectful. The nobles and the people were also very polite and so it can be deduced that there was a very high level of refinement. In our time, we can prove this if we observe, when we go into the country, the dignity and good manners of our Indians.

Data have been obtained from CORTÉS and BERNAL DÍAZ DEL CASTILLO and also from modern compilers such as DR. ALFONSO CASO, DR. DÁVALOS HURTADO and HERIBERTO GARCÍA RIVAS.

The Aztecs have contributed both knowledge of food and products which have been of great value in improving our diet and delighting our palates. Beans, cacao, maize, vanilla, tomatoes, potatoes and avocados are all products which have become part of the staple diet of most of the world, particularly in Spain, France, the United States of America and Italy. Moreover, various Mexican spices are used in cooking throughout the world.

Asegura BERNAL que los modales del gran señor azteca eran exquisitos, y que su comportamiento con los ancianos de su séquito era delicado y respetuoso. Estas costumbres eran observadas por los nobles y por el pueblo, de lo que se deduce que existía un grado de refinamiento general muy elevado. En la actualidad esto se puede comprobar, si cuando salimos al campo observamos el comportamiento digno y delicado de nuestros indígenas.

Se han tomado datos de CORTÉS y de BERNAL DÍAZ DEL CASTILLO, así como de recopiladores modernos, como los doctores ALFONSO CASO y DÁVALOS HURTADO, y HERIBERTO GARCÍA RIVAS.

Los aztecas aportaron conocimientos y productos de gran valor para el mejoramiento de la alimentación así como para el deleite del paladar: frijol, cacao, maíz, vainilla, tomate, papa, aguacate, son artículos que se han convertido en base alimenticia en la mayor parte del mundo, especialmente en España, Francia, Estados Unidos e Italia, así como varias de las especies mexicanas, han sido adoptadas como condimento en la cocina internacional.

The well-known nutritionist, DR. ALFREDO ESPINOSA RAMOS says that we can symbolizes Mexican cooking by identifying it with the tortilla of Indian cooking (tortillas being made from maize) and bread symbolizing European cooking; these two types of cooking together form Creole or mestizo Mexican cooking.
It is the aim of this book to make Mexican cooking better known, to accept its Indian and Spanish origins and to give it its due place in world gastronomy.

El conocido nutriólogo, doctor ALFREDO ESPINOZA RAMOS dice que se puede simbolizar la comida mexicana identificándola con la tortilla, la comida indígena, ya que el maíz es la base de ésta, así como el pan simboliza la comida europea, y que la fusión de estas dos cocinas forma la cocina mexicana, criolla o mestiza.
El propósito de este libro es contribuir al mejor conocimiento de la cocina mexicana, aceptar sus orígenes, tanto indígenas como españoles, y situarla en el lugar que le corresponde en la gastronomía mundial.

THE FOOD OF GODS

THUS WERE THE OFFERINGS MADE: WITH FOOD AND WITH CLOTHS WERE THE OFFERINGS MADE, AND WITH EVERY KIND OF LIVING THING; SOMETIMES TURKEYS, SOMETIMES BIRDS OR CLOTHS, OR ELSE ANYTHING WHICH WAS IN ITS PRIME, MAIZE OR CHIA (*Salvia hispanica L.*) OR FLOWERS IN THEIR PRIME.
AND THUS THE YOUNG MAIDS MADE THEIR OFFERINGS; BEFORE DAWN THEY WERE AWOKEN BY THEIR PARENTS. THEN THEY WENT TO MAKE THEIR OFFERINGS OF GIFTS WHICH THEY CARRIED IN THE PALMS OF THEIR HANDS—LITTLE TORTILLAS, WHICH WERE VERY SMALL— AND THUS IN HASTE THEY PROCEEDED TO PLACE THEIR OFFERINGS BEFORE THE DEVIL; IN A VESSEL THEY CARRIED THEM TO PRESENT THEM TO THE GODS.

ONLY IN THEIR DWELLING WERE THE TORTILLAS MADE. THUS THE VIRGINS MADE THE OFFERINGS.

CODEX FLORENTINO
ANDERSON & DIBBLE, 1951:182

LA COMIDA DE LOS DIOSES

ASI SE HACIAN LAS OFRENDAS: CON COMIDA Y CON MANTAS SE HACIAN LAS OFRENDAS, Y CON TODA CLASE DE SERES VIVIENTES, TAL VEZ GUAJOLOTES, TAL VEZ AVES O MANTAS, O SIDO CUALQUIER COSA ACABADA DE FORMARSE, TAL VEZ MAIZ O CHIA, O FLORES, O LO QUE ACABABA DE CRECER.
Y ASI HACIAN LAS JOVENES SOLTERAS SUS OFRENDAS; ANTES DE AMANECER SUS PADRES LAS DESPERTABAN. ASI IBAN A HACER SUS OFRENDAS DE REGALOS QUE LLEVABAN EN LAS PALMAS DE LAS MANOS —TORTILLAS PEQUEÑAS, QUE ERAN MUY CHICAS— Y ASI CON PRISA PROCEDIAN A PONER SUS REGALOS ANTE EL DIABLO; EN UNA VASIJA LA LLEVABAN PARA PRESENTARLAS A LOS DIOSES.

SOLO EN LAS CASAS SE HACIAN LAS TORTILLAS, ASI HACIAN LAS DONCELLAS SUS OFRENDAS.

CÓDICE FLORENTINO
ANDERSON Y DIBBLE, 1951: 182.

THE FOOD OF THE GODS

THE OFFERINGS

Esoteric, zoomorphic and anthropomorphic doctrines

The religions of some ancient peoples evolved from animal worship (India, Greece, and Rome). The gods shared with man his vices and virtues and also his food.

There existed in Aztec mythology, as in classical mythology, the idea of a dual creating principle. ALFONSO CASO, in his book *El Pueblo del Sol* (The Sun People), tells us of this dualist. His names are *Ometecuhtli,* which means "second lord" and *Omecihualt* which means "second lady", and both reside in *Omeyocan,* the "Number Two Place". They are also called the lord and lady of our flesh or of our substance" and they are shown with fertility symbols and adorned with ears of maize, as maize is the origin of life and of food.

Human and divine commerce

Magic communion

Man, in his turn, had to collaborate with the gods and it was his duty to give them sustenance. He had to feed them.

LA COMIDA DE LOS DIOSES

LAS OFRENDAS

En algunos pueblos de la antigüedad las religiones evolucionaron de la zoolatría al antropomorfismo (La India, Grecia, Roma). Los dioses compartían con el hombre sus vicios y virtudes, así como sus alimentos.

Esoterismo, zoomorfismo, antropomorfismo

En la mitología azteca, como en la mitología clásica, existía la idea de un doble principio creador. ALFONSO CASO, en su libro *El pueblo del sol,* nos habla de esta dualidad, sus nombres indican *Ometecuhtli,* que quiere decir "2o. señor", y *Omecihualt* que significa "2a. señora", y ambos residen en *Omeyocan,* El "lugar dos". "También se llaman el señor y la señora de nuestra carne o nuestro sustento", y se representan con símbolos de fertilidad y adornados con mazorcas de maíz, pues son el origen de la vida y de los alimentos.

Comunión mágica

El hombre a su vez, debía colaborar con los dioses y era su deber hacerlos subsistir. Debía alimentarlos. Por lo tanto les

And so, he offered them food and flowers, animals and various other things.
Also, Man, on special occasions, tasted the "food of the gods", pulque and hallucinatory mushrooms, supposing that if he partook of them he would acquire supernatural powers.

Clasification of pulque

PULQUE

Octli (pulque) is the fermented juice of the maguey heart. This plant was very important in the life of the Aztecs because it had many industrial and commercial uses. It was deified under the name of *Mayahuel*: the goddess of the four hundred breasts with which she suckled her four hundred children. Of her children the most important was *Ome Tochtli*, the god of pulque.
The preparation of pulque is a very exacting task. To this day the methods are the same as those used by the ancient people of Mexico.

METL
(Maguey-Cod. Vaticano B, 52)

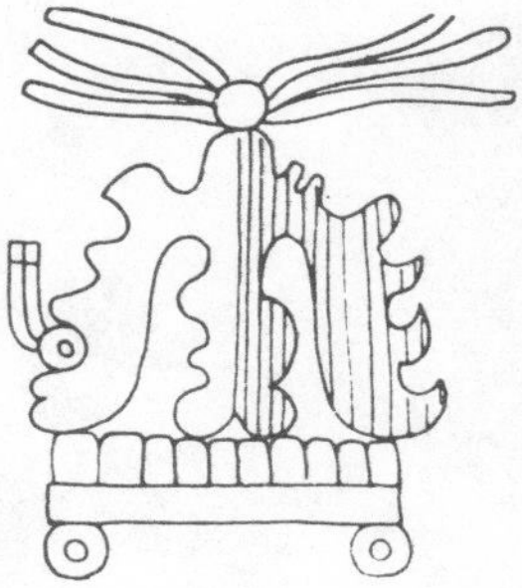

brindaba ofrendas en forma de comida y de flores, animales y cosas diversas.
También el hombre, en ocasiones especiales, probaba el "alimento de los dioses", pulque y hongos alucinantes, presumiendo que al ingerirlos adquiría poderes sobrenaturales.

METL
(Maguey-Cod. Vaticano B, 52)

EL PULQUE

Jerarquización del pulque

El *octli* (o pulque) es el jugo extraído del corazón del maguey y fermentado. Esta planta era muy importante en la vida de los aztecas, pues le daban muchos usos industriales y domésticos. *Mayahuel* era el nombre con el que se le deidificaba: diosa de los cuatrocientos pechos, con los que amamantaba a otros tantos hijos: de estos, el más importante era *Ome Tochtli,* dios general del pulque.
La elaboración del pulque es minuciosa y en ella se siguen en nuestros días los mismos métodos que usaban los antiguos mexicanos.

There is fine pulque and ordinary pulque. The quality varies according to the different types of maguey. The best quality pulque, or at least the most famous, comes from Apan. It is generally consumed by people of the lower classes. However there are upper class people who prefer it to any other drink on specific holidays or to accompany a typical regional meal. In the old days they used to drink it most of all on their country estates.

Reputation of pulque

The marchioness CALDERÓN DE LA BARCA, the wife of the first Spanish ambassador in Mexico after the proclamation of independence, recounts in one of her numerous letters to her relations "we called in at the estate of the Adalides in Sopayuca; they have an isolated, old house, surrounded by three huge fields of maguey, next to an abandoned little garden where a little tame fawn with wary eyes played in the dense undergrowth. An excellent meal had been prepared for us and it was there for the first time I conceived the idea that I might like pulque. We visited the great storehouses where it is kept and I found that it was refreshing with a sweet flavor and with a creamy foam on

Hay pulque fino y pulque ordinario, la calidad depende de las distintas clases de maguey. El mejor por su calidad, o por lo menos el más famoso, es el que produce en Apam. Generalmente lo consume el pueblo, aunque existen familias pudientes que en los días festivos y para acompañar la comida típica de la región, prefieren el pulque a cualquier otra bebida. En épocas pasadas lo tomaban principalmente en las haciendas.

Crédito del pulque

La marquesa CALDERÓN DE LA BARCA, esposa del primer embajador español en México, después de la proclamación de la independencia, en una de sus numerosas cartas dirigidas a sus familiares cuenta: " ...Nos detuvimos en la hacienda de los señores Adalides en Sopayuca: es una vieja casa solitaria, perdida entre inmensos campos de maguey, junto a un jardincito abandonado, en cuyos enredados matorrales jugaba un cervatillo domesticado, con el ojo bien abierto. Nos habían preparado un excelente almuerzo y fue allí donde, por primera vez concebí la posibilidad de que me gustara el pulque. Visitamos los grandes almacenes donde se guarda y lo encontramos refrescante, de sabor dulce y con una espuma como crema en la superficie."

the surface." Many rich people owe their fortune to the cultivation and exploitation of the maguey.

Pulque as a condiment

Delicious dishes can be prepared using pulque as a condiment. Here we mention smoked ham cooked in pulque and then covered with brown sugar and browned in the oven which is of an exquisite flavor.

HAM IN PULQUE

Virginia ham	3 or 4	kilos
pulque	3	litres
bay leaves	2	
thyme	1/2	teaspoon
oregano	1/2	teaspoon
cloves	6	
cinammon	1	small stick
sugarloaf syrup	1/4	cup

El pulque como condimento

Muchos ricos deben su bonanza al cultivo y la explotación del maguey.

Con el pulque como condimento, se logran platillos deliciosos, por ejemplo el jamón ahumado y cocido en pulque que cubierto con azúcar morena, planchado o gratinado al horno, es de sabor exquisito.

JAMON EN PULQUE

jamón tipo virginia	1	pieza de 3 a 4 Kg.
pulque	3	litros
laurel	2	hojas
tomillo	1/2	cucharita
orégano	1/2	cucharita
clavos	6	
canela	1	raja chica
miel de piloncillo	1/4	taza
o azúcar morena	6	cucharadas

Boil the ham in the pulque with the herbs and the sugarloaf for 1/2 hour. Remove it from the flame, drain it and put it in an ovenproof dish into which has been poured the following sauce:

SAUCE FOR HAM IN PULQUE

orange or pineapple juice	1	cup
brown sugar	1/2	cup
or sugarloaf syrup	1	cup
prepared mustard	1/2	cup
apple jelly or apricot jam	1/2	cup

With a knife make incisions in the upper surface of the ham and put cloves in each incision. Bake at 375 C for 1/2 hour, basting the ham from time to time with the sauce, and leave it till brown.
Decorate it with peaches, cherries, pineapple and red apples.

Se hierve el jamón en pulque con las yerbas de olor y el piloncillo por 1/2 hora. Se retira del fuego, se escurre y se pone en un platón refractario bañado con la siguiente salsa:

SALSA PARA JAMON DE PULQUE

jugo de naranja o piña	1	taza
azúcar morena	1/2	taza
o miel de piloncillo	1	taza
mostaza preparada	1/2	taza
jalea de manzana	1/2	taza
o mermelada de chabacano	1/2	taza

Se le cortan cuadros en la parte superior con un cuchillo, se le ponen clavos en cada cuadro, se hornea a 375° durante 1/2 hora cuidando de bañarlo con la salsa, se deja que gratine. Se decora con duraznos, cerezas, piña y manzanas rojas.

LOIN OF PORK WITH PULQUE

loin of pork	1	kilo
ancho chilis	6	
onion	1	
garlic	2	cloves
lard or oil	3	dessertspoons
pulque	1	litre
salt	to taste	

Heat the lard or oil and sauté the meat until it turns golden. Open the chillies, remove their veins, wash them and dry them.
Fry them with the loin, the onion and the garlic.
When everything is fried, add the pulque and the salt.
Simmer until the loin is well-cooked and the chillies break into pieces.
Serve with the sauce which has been strained.

LOMO DE CERDO CON PULQUE

lomo de cerdo	1	kilo
chiles anchos	6	
cebolla	1	
ajo	2	dientes
manteca o aceite	3	cucharadas
pulque	1	litro
sal	al gusto	

Se calienta la manteca o aceite y se fríe la carne hasta que empiece a dorar.
Mientras tanto se abren los chiles, se desvenan, se lavan y se secan. Se pone a freír con el lomo, la cebolla y los ajos. Cuando todo está frito se agrega el pulque y la sal. Se deja hervir hasta que el lomo está bien cocido y los chiles desbaratados. Se sirve rebanado con la salsa colada por encima.

HALLUCINATORY MUSHROOMS

The *Madrid Codex* (Garibay 1961: 91) relates: "A man gave feasts with singing when his wealth and possessions were many, he could see he was prosperous and rich and that our Lord had favoured him. Then he begins to ponder, he says 'Behold I have been favoured by our Lord, the master of the world. He who is near and at hand with all his provisions, his goods and his riches. Perhaps tomorrow or the day after tomorrow our Lord will have to help me, or I may be ruined, or I may be swept away by the river or disdained by our Lord God!

A wealthy man distributes food

'Then I must not despise helpless old men and women, old traders, old merchants, our fathers and mothers. And even one or two of those who are in distress, helpless people, my relatives and kinsmen I am going to gather them together, I am going to let them know my face.'

"And after speaking thus, then he sorts out his goods and riches bearing in mind what he will need to buy so that he can spend his wealth. First he acquires what he needs:

HONGOS ALUCINANTES

Relata el *Códice Matritense* (Garibay 1961: 91 ss.): "El que hacía festejos con canto era cuando sus bienes, su posesión eran muchos, ya veía su prosperidad, su riqueza; ya le había favorecido nuestro señor. Entonces se pone a reflexionar, dice: 'he aquí que me ha favorecido nuestro señor, el dueño del mundo, el que se halla cerca y junto a todo con su provisión, sus bienes, su riqueza: ¡puede ser que mañana o pasado haya de socorrerme nuestro señor, o que yo me arruine, que me lleve el río, que se yo desdeñado por nuestro señor Dios!

Herencia comestible y su distribución

'Pues no he de despreciar a los viejos y a las viejas sin ayuda, a los señores traficantes ancianos, a los señores traficantes jefes, padres y madres nuestros. Y aún a uno o dos que se hallan en aprieto de bienes, personas sin ayuda, mis parientes y allegados. ¡Voy a reunirlos en uno, voy a darles a conocer mi cara!'

"Y cuando así ha hablado, luego hace distribución de sus bienes, de sus riquezas con que haga tener presente lo que

various kinds of cacao, vanilla, tobacco, hens, pans for *mole*, baskets, bowls or clay pots, wood or cane for making a fine oven where little cakes made with maize dough are stained. He takes all those things home. And when he has enough, when he has before him all that he will need and is not worried about anything, then he prepares the *mole* for the people he wants to help, and the singers of whom there must be seven, who have to sing for the guests.

"And when he feeds the people, it must be on a propitious day: maybe the 1st Crocodile Day or the 7th Monkey Day. He studies carefully to see that the day is a good one; he does not act without thinking.

Propitious days

"In this way people used to behave in the old days, when they gave feasts with singing. When the host has finished burning incense, then those who are going to dance come out: the commander-in-chief of the troops, the commander of military supplies, in short, all those with very short hair and the *otomis*, the military captains, the commanders. Concerning the merchants, they did not dance but watched in a long line because they were the people who prepared the

MUSHROOMS

se va a necesitar para gastarlo, lo que se va a necesitar; primeramente lo consigue: cacao de varias clases, vainilla, tabaco, gallinas, cazuelas para el mole, canastas, escudillas o cazuelas de barro, leña o caña combustible que tiene que arder, con que cuezan los pastelillos de masa de maíz al vapor: todo lo va llevando a su casa. Y cuando está suficiente, cuando ya tienen delante todo lo que se va a necesitar y ya nada le preocupa, luego prepara el mole para la gente: da a conocer a viejos y viejas y a todos los que se proponen ayudar, y a los cantores, que han de ser siete, que han de dar canto que oir a los convidados.

HONGOS

"Y cuando da de comer a la gente, es precisamente un día de buen agüero: ya sea 1-Cocodrilo, ya sea 7-Mono. Va leyendo, de modo que sea un buen tiempo al día: no solamente su discreción.

Días fastos

"De esta manera se obraba antiguamente, cuando se hacía festejo con cantos... Cuando el que hace el convite ha terminado de incensar, ya salen los que han de danzar: el jefe de tropas, el jefe del arsenal, en suma, todos los de cabeza rapada y los otomíes, los capitanes de guerra, los comandan-

banquet. The old merchants were the people who received the guests with flowers and tobacco cane with paper garlands, with little green mirrors and a plume of maguey fibre with crescents of precious metal.

Fasting and extra-sensory perception

"Very soon the people are given mushrooms to eat. 'They ate them during the so-called flute-playing time. They had not eaten anything but had only drunk a little cacao at night. They ate the mushrooms with honey. When the mushrooms begin to affect them they begin dancing or crying. Some who still have their reason go to their places; they sit against the wall; they do not dance but remain with their heads down. One sees that he is going to die, he begins to weep, another that he is going to die at war. Another that he will be eaten by wild animals. Another sees that he will become a prisoner-of-war. Another sees that he is going to be rich, to be happy and esteemed. Another sees that he must buy people, that he must be a slave-master. Another sees that he will be an adulterer; that his head will be broken with stones, that he will be flattened with stones.

tes primeros. Por lo que hace a los jefes de traficantes, ellos no bailan sino que estaban en hilera vigilando, por ser ellos los que hacían el banquete. Pero los traficantes veteranos eran los que recibían a la gente con flores y cañas de tabaco, con collares de papel, con espejitos verdes y un penacho de fibra de maguey con lunetas de metal precioso...

Ayuno y visión extrasensorial

"Muy al principio va el dar de comer a la gente hongos. Los comían al tiempo que se dice toque de flautas. Ningún alimento habían comido, sino solamente un poco de cacao bebían por la noche. En cuanto a los hongos, los comían con miel. Cuando les hace efecto el hongo, entonces se ponen a bailar o a llorar. Pero algunos que aún están en su juicio se meten a su lugar: se sientan pegados a la pared; ya no bailan, sino están cabizbajos. Uno ve que va a morir, se pone a llorar, otro ve que ha de morir en guerra. Otro ve que será comido por las fieras. Otro ve que será hecho cautivo en guerra. Otro ve que va a ser rico, a ser feliz, tenido por persona de representación. Otro ve que ha de comprar gente, ha de ser dueño de esclavos. Otro ve que va a ser adúltero:

"Another sees that he will be a thief; he also will be stoned. Another sees that he will have stones thrown at his head, that he will be imprisoned. Another sees that he will die in the water. Another sees that he will have a quiet peaceful life and death... And when the effect of the mushrooms has worn off, they begin to talk and tell each other what they have seen."

This account is very interesting because besides describing the process of the banquets and the dishes which were served, it mentions the use of hallucinatory mushrooms. These mushrooms, which are called *teonanacatl* in Nahuatl, are still used by the Zapotecos of the Oaxaca Sierra in ceremonies according to the same rites described in the *Madrid Codex*.

GORDON R. WASSON, who has undertaken exhaustive research into hallucinatory mushrooms, tells us (Life, 6/3/57):

"The mushrooms are sacred and are never used as an incentive for vulgar merrymaking, as the white man is accustomed to do with alcohol. Mushrooms produce visions for those who eat them. They have an unpleasant, bitter taste

ha de ser quebrantado de la cabeza con piedras, oprimido por piedras.

"Otro ve que será ladrón: también será oprimido por piedras. Otro ve que su cabeza será apedreada, que lo han de encerrar en la cárcel. Otro ve que ha de morir en agua. Otro ve que ha de pasar su vida en quietud y calma y en esa forma morirá... Y cuando el efecto del hongo los ha dejado, se ponen a conversar, se dicen lo que han visto."

Estos datos son muy interesantes, ya que además de la descripción del desarrollo del banquete y los platillos servidos se menciona el empleo de hongos alucinantes. Estos hongos, llamados *teonanacatl* en náhuatl, los siguen empleando los Zapotecas de la Sierra de Oaxaca, en ceremonias que siguen los canones descritos en el *Códice Matritense*.

GORDON R. WASSON, quien ha hecho una investigación exhaustiva sobre los hongos alucinantes, nos cuenta (revista Life 6/3/57):

"Los hongos son sagrados y jamás se emplean para dar incentivo a un regocijo vulgar, como acostumbra el blanco con el alcohol. Los hongos producen visiones a quienes los

Sacred food

and a penetrating, rancid smell. As we know, the Aztecs used to eat them with honey".

WASSON goes on to say, "Gradually we come to appreciate the qualities of the mushrooms. The Indians who eat them do not become myco-addicts. Each type of mushroom has a special hallucinatory power and when there are not enough of the same species, the Indians mix together different varieties until the correct dosage is obtained. Some people require bigger portions that others. A bigger dosage intensifies the emotions but does not prolong the effect.

Of the different types and dosages

"Mushrooms sharpen the memory and make one lose all notion of time. On the night that I have described ...when we thought that a succession of images had lasted for years, the clock showed us that only a few seconds had gone by.

MAYAHUEL

"Our pupils were dilated and our pulses were slow. It seems that the magic mushrooms do not have an accumulative effect on the organism. Eva Méndez (the healer) has been

MAYAHUEL

comen. Son de un sabor desagradable, amargo, y su olor es rancio y penetrante. Como ya sabemos, los aztecas los tomaban con miel.

"Poco a poco afloran las propiedades de los hongos. Los indios que los comen no se vuelven micoadictos. Cada clase de setas posee determinada fuerza alucinante, y cuando no hay suficientes de una misma especia, los indios mezclan una o más variedades, hasta lograr la dosificación correcta. Algunas personas requieren porciones mayores que otras. El aumento de la dosis intensifica las emociones, más no prolonga el efecto.

Alimento sagrado

"Los hongos agudizan la memoria y anulan por completo la noción del tiempo. En la noche que he descrito... cuando suponíamos que una sucesión de imágenes había durado años, el reloj nos indicaba que solo habían transcurrido apenas unos cuantos segundos.

De sus diferencias y dosificación

"Teníamos las pupilas dilatadas y el ritmo del pulso lento. Parece que los hongos mágicos no producen efecto acumulativo en el organismo. Eva Méndez (nombre de la curande-

eating them for 35 years, night after night, during the rainy season.
The magic mushrooms are not used therapeutically. They themselves do not cure. The Indians consult them when they have serious problems. If somebody is sick, the mushrooms say what the cause of the illness is, they forecast whether the patient will recover or die and advise what he must do to bring about a speedy recovery. If he is told he will die, the sick man and his family resign themselves; the former loses his appetite and soon dies while his family begin to make the funeral preparations.

Of the auguries

"The mushrooms may also be asked who has robbed a donkey and where it is. And if the favorite son las left home, perhaps as a 'wet back' as they call the labourers who swim across the Rio Grande to work in the United States, the mushrooms act as a postal service; they say if the boy lives or not, if he is in prison, if he has married, if he is in difficulties or is doing well. The Indians believe that the mushrooms open the doors to what we call extrasensory

ra) los come desde hace 35 años, noche tras noche, durante la temporada de lluvias.
"Los hongos mágicos no se emplean como agentes terapéuticos. Por sí solos no producen curaciones. Los indios los consultan cuando se sienten perturbados por graves problemas. Si alguien enferma, los hongos revelan la causa del mal, pronostican si el paciente sanará o morirá y prescriben lo que debe hacerse para acelerar la recuperación. Si el veredicto es mortal, el enfermo y su familia se resignan; aquel pierde el apetito y pronto muere, mientras sus parientes empiezan a preparar el velorio, antes del fallecimiento del enfermo.

De los augurios

"También se puede preguntar a los hongos quién se ha robado un burro y donde está. Y si el hijo amado salió a correr mundo, quizá en calidad de espalda mojada, como se denomina a los jornaleros que cruzan a nado el río Grande para ir a trabajar a los Estados Unidos, los hongos hacen de servicio postal; dicen si el emigrado vive o no, si está en la cárcel, si se ha casado, si pasa apuros o prospera. Los indios creen que los hongos abren las puertas de lo que llamamos

perception. As they are accustomed to say on the effect of the mushrooms: They take them to where God is".

DAY OF THE DEAD

Offerings to the dead

In our day throughout the country, but principally in the states of Puebla, Mexico, Oaxaca and Michoacan, on the 31st October and the 1st and 2nd of November, the Day of the Dead is celebrated with catholic-pagan ceremonies. And so, the people visit the cemeteries taking big bunches of flowers that they place on the graves of the loved ones. They devotedly attend the Mass for the Dead.

The lower class people, in happy contradiction with the sad day, place offerings of sweets, fruits and tasty dishes of all kinds to their dead relations, as if they were celebrating a birthday.

Dinner companions from beyond grave

The Christian part is represented with figures and pictures placed on a kind of altar. The pagan part is prepared on a table or sideboard below the altar covered with a beautifully

percepción extrasensorial. Como suelen decir sobre el efecto de los hongos: Lo llevan ahí donde Dios está."

DIA DE MUERTOS

Ofrendas funebres

En la actualidad, en todo el país, principalmente en los estados de Puebla, México, Oaxaca y Michoacán, se celebran los días 31 de octubre, 1°y 2 de noviembre con ritos católicos paganos, el Día de Muertos. Con este objeto son visitados los cementerios, llevando grandes ramos de flores multicolores que se colocan en las tumbas de los seres queridos. Asimismo, se oye devotamente misa de ánimas.

En las clases más humildes, la gente del pueblo, en alegre contradicción con la fecha dolorosa, colocan ofrendas, como en la celebración de un cumpleaños mundano, a sus desaparecidos familiares. Estas ofrendas consisten en dulces, frutas y platillos condimentados en las más diversas formas.

Comensales de ultratumba

La parte cristiana se escenifica con figuras y cuadros debidamente colocados en una especie de altar. La pagana se prepara sobre una mesa o aparador, bajo el altar, cubierto

embroidered tablecloth, decorated with brightly colored tissue paper which is artistically cut to imitate Brittany lace. The dishes, jugs and pans are made of black glazed clay, as if for a special rite, because this type of ceramic ware is only used at this time.

Intermingling of cults of the dead

The glazed dishes are filled with turkey *mole*, pork or chicken, a dessert made of pumpkin, choke-chernes and guavas; toasted sesame seed is sprinkled over the dishes; a dessert called *ponche*, which is a kind of pudding of ground maize of different colors, blue, purple and red; fruits of the season: oranges, limes, choke-cherries, *jicamas* and others; skulls made with sugar with the eye sockets stuffed with brightly coloured paper and decorated with sugar filigree each with the name of a dead person on its forehead, bread in the shape of skulls and bones, coloured with red and white sugar; bread made with eggs which is called *hojaldras* or bread of the dead, a kind of scone decorated with figures made of the same dough in the shape of tears or bones. *Tamales* and the dead

Tastes of the dead person

de un mantel bellamente bordado, adornado con papel de china de estridentes colores, que cortado artísticamente simula blonda de encaje de Bretaña; los platones, jarros y cazuelas son de barro vidriado de color negro, similar al de la acerina. Como si se tratara de un culto, lo es en realidad, ya que este tipo de cerámica es usado solamente en estas festividades.

Transculturación de la muerte

Los acerinados recipientes se llenan de mole con guajolote, carne de puerco o gallina, dulce de calabaza, tejocote y guayaba, rociándose estos platillos con semilla de ajonjolí tostado, así como un dulce llamado ponche —especie de budín— hecho de maíz azul molido, morado o rojo. Frutas de la estación, naranjas, limas, tejocotes, jícamas y otras más. Calaveras de azúcar con las cuencas de los ojos tapadas con papeles de colores brillantes y adornadas con filigrana de azúcar, ostentando en sus frentes nombres diversos, en recuerdo de los seres desaparecidos; panes con forma de calaveras y canillas de esqueleto, impregnados de betún de azúcar blanco y rojo; pan de huevo, llamado hojaldras o pan de muerto, especie de brioches que se adornan con fi-

De los gustos de la muerte

Votive part of the cult of the dead

Of the Aztec rites

OMETECUTLI AND OMECICHUATL
(Cod. Fejervary-Meyer)

person's favourite delicacies, cigarettes and tequila are also placed with the other offerings.

To complete the spectacle, there are burning candles, shining black jars filled either with holy water or with yellow flowers, like giant carnations, called *zempoaltxochitl* (African marigolds) and incense is burnt in the holes of the incense holders.

It seems that both the ritual and the offerings are similar to those of the Aztec ceremonies which took place in the twelfth month of the Aztec calendar, called *Teotelco*. Teotelco was at about the same line of the year as our last days in October. On the eighteenth day the priests washed the feet of the god called *Tlamatizicatl Titlacauan* or *Tezcatlipoca*, and it was a day of great rejoicing.

They made a carpet possibly of colored powders or of flowers and a priest waited for the moment when it was said the God would leave the imprint of his foot on the carpet. At that moment they shouted out that he had arrived and everybody began to play on their musical instruments.

OMERECUTLI Y OMECIHUATL
(Cod. Féjervary-Meyer)

Parte votiva del culto a los muertos

De los ritos de los aztecas

guras de su misma pasta en forma de huesos y de lágrimas. Tamales y antojitos de la preferencia del difunto, cigarros y tequila son también colocados entre las ofrendas.

La mise en scene se complementa con ceras encendidas, y en los oscuros y brillantes jarros se pone, en unos agua bendita y en otros contrastantes flores amarillas, semejantes a claveles gigantes, llamadas *zempoaltxochitl*, y en la encajería de los sahumerios se quema el incienso.

Parece ser que tanto los rituales como las ofrendas corresponden a los que celebraban los aztecas en el duodécimo mes de su calendario, llamado *teotelco*, que se cree correspondía a los últimos días de octubre y primeros de noviembre. El día décimo octavo, los sacerdotes le lavaban los pies a *Tlamaticical, Titlacauan*, o sea *Tezcatlipoca*, y era fiesta de gran regocijo.

Hacían una alfombra, tal vez de polvo de colores o de flores, y un sacerdote vigilaba, pendiente de la hora en que según decían se marcaba en ella la huella del pie del dios, y entonces anunciaban a grandes voces su llegada, empezando todos a tañer sus instrumentos musicales.

To this day the custom exists of making carpets of flowers for certain events. They are extremely beautiful, true works of ephemeral art.

BREAD OF THE DEAD

flour	41/2	cups
dry yeast	1	dessertspoon
eggs	6	
egg yolks	6	
sugar	3/4	cup
orange blossom water	1/4	cup
butter	200	grams
salt	1/2	teaspoons

Actualmente existe todavía la costumbre, en ciertas festividades de hacer alfombras floridas, las cuales son hermosísimas, verdaderas obras de arte efímero.

PAN DE MUERTO

harina	41/2	tazas
levadura seca	1	cucharada
huevos	6	
yemas	6	
azúcar	3/4	de taza
agua de azahar	1/4	de taza
mantequilla	200	gramos
sal	1/2	cucharadita

Procedimiento: En 1/2 taza de agua se disuelve la levadura, se le agrega 1/2 taza de harina incorporándose bien, se deja reposar en lugar tibio a que doble su volumen.

Dissolve the yeast in 1/2 cup of luke-warm water. Mix in well half cup flour. Leave it in a warm place until it swells to twice its size.
Put the dry ingredients—the sugar, flour, and salt, in a bowl and add the rest of the ingredients except 100 grams of butter. Also add the dough now risen to twice its size. Mix everything together until it forms a thick, but not hard, dough. Pound this preparation on a table until it no longer sticks to it. Place this dough in a greased bowl and cover it. Leave it in a warm place until it has doubled in size. Then lightly pound it again, gradually adding the rest of the butter.

BREAD OF THE DAY OF THE DEAD

Divide the dough into three equal parts. Place two of the parts on a greased baking tin. With the third part make decorations of tears and bones and place them on the first two portions. The bones are made in the following manner: Take an egg-sized piece of dough, place it on the table and with the forefinger placed in the middle of the piece of dough, roll it until it is about 1 cm thick. Repeat this process with two more balls.

En un recipiente hondo se colocan los ingredientes secos, o sea el azúcar, harina y sal, se le agrega el resto de los ingredientes menos 100 grs. de mantequilla, asimismo se agregará la masa de la levadura que ya habrá doblado su volumen. Se mezcla todo perfectamente bien, hasta formar una masa consistente pero no dura, se golpea esta preparación sobre una mesa hasta que ya no se pegue en ella.
Se coloca esta masa en una cacerola engrasada y tapada, se deja reposar en lugar tibio hasta que doble su volumen, se vuelve a golpear ligeramente incrementando el resto de la mantequilla.

PAN DEL DIA DE LOS MUERTOS

Se separa en 3 partes iguales, y con dos de estas partes, se hacen sobre una hoja de hornear previamente engrasada, 2 volcanes, estos se adornarán con el resto de la masa, que se habrá moldeado en forma de lágrimas y huesos.
Estos se hacen de la siguiente manera:
Se toma una porción de masa del tamaño de un huevo, se coloca sobre la mesa, y con el dedo índice colocado a la mitad de la masa, se rueda hasta adelgazarlo aproximadamente hasta un centímetro de grueso, esto mismo se hará con

Make the tears with little pieces of dough shaping them into tears.
Place the bones in the form of a cross on the loaves and put the tears round the sides.
Glaze the bread with the yolk of an egg to which has been added 1 teaspoonful of water and one of icing sugar. Sprinkle with sesame seed and leave it to double its volume.
Bake in a 350 F oven for 20-25 minutes. The bread should be nicely browned.

las dos porciones que quedan en los extremos; se repetirá esta operación, para formar la otra canilla.
Las lágrimas se hacen formando una bola de tamaño pequeño en forma de lágrima.
Se colocan los huesos sobre el volcán formando una cruz y a los lados se colocan las lágrimas.
Se barnizan con yemas de huevo a la que se le agrega 1 cdta. de agua y 1 de azúcar glass, se rocían con ajonjolí y se dejan que vuelvan a doblar su volumen.
Se hornean a 350° F. por espacio de 20 a 25 min. Deben de quedar dorados.

THE MEALS OF THE EMPEROR MOCTEZUMA

Sybaritism of the emperor

In his *Historia Verdadera de la Conquista de la Nueva España* (True History of the Conquest of New Spain), BERNAL DÍAZ DEL CASTILLO, an old soldier in Cortes army, tells us how the meals of the Aztec Emperor, Moctezuma II, were served with great solemnity.

"As regards food, his cooks had over thirty ways of cooking dishes for him, done in their own way and custom, and they would put them on small clay braziers so they would not become cold. And the great Moctezuma had more than three hundred dishes prepared for him, and there were more than a thousand dishes prepared for his guards.

"I heard that they used to cook the flesh of young children for him; but as he had so many kinds of meats and so many things, we did not find out if they were of human flesh or not, because everyday they cooked for him, hens, turkeys, pheasants, partridges, quails, venison, pork, marsh birds, pigeons, hares, and rabbits and many kinds of birds and

DEER
(Codex Florentino XXI, 6)

LA COMIDA DEL EMPERADOR MOCTEZUMA

VENADO
(Cod. Florentino XXI, 6)

En su *Historia Verdadera de la Conquista de la Nueva España*, BERNAL DÍAZ DEL CASTILLO, viejo soldado de Cortés, nos relata como era servida con gran solemnidad la comida del emperador azteca Moctezuma II.

Sibaritismo del emperador

"En el comer, le tenían sus cocineros sobre treinta maneras de guisados, hechos a su manera y usanza, y teníanlos puestos en braseros de barro chicos debajo, porque no se enfriasen, y de aquello que el gran Moctezuma había de comer guisaban más de trescientos platos, sin más de mil para la gente de guarda.

"Oí decir que le solían guisar carne de muchachos de poca edad, y como tenía tantas diversidades de guïsados y de tantas cosas, no lo echábamos de ver si eran de carne humana o de otras cosas, porque cotidianamente le guisaban gallinas, gallos de papada, faisanes, perdices de la tierra, codornices, patos mansos y bravos, venado, puerco de la tierra, pajaritos de caña, palomas, liebres y conejos y muchas ma-

things that are reared in these lands. There are so many that I would not soon finish telling you of them.

"Let us stop talking of that and return to the way of serving at meal times. It is like this; if there was cold weather they made him a big fire of embers made from the barks of trees which did not smoke, and the smell of the barks from which they made those embers was very fragrant, and so that there would be not more heat that what he desired, they put before it a kind of screen worked in gold with figures of idols, and he, sitting on a low seat which was rich and soft, and the table also low, made in the same way as the seats.

Of the service at table

"They placed before him tablecloths of coarse white cotton and some napkins of the same material, and four very beautiful women washed his hands in ewers called *xicales*; below they placed kinds of dishes to catch the water and they gave him his towels, and two other women brought him his tortillas.

"When he began to eat, they put in front of him a kind of gilded door so that they would not see him eating, and the four women withdrew and four important old gentlemen

Of the emperor's deference to the old men

neras de aves y cosas que se crían en estas tierras, que son tantas que no las acabaré de contar tan presto.

"Dejemos de hablar de esto y volvamos a la manera que tenía en su servicio en el tiempo de comer. Es de esta manera: que si hacía frío, teníanle hecha mucha lumbre de ascuas de una leña de cortezas de árboles que no hacían humo, y el olor de las cortezas de que hacían aquellas ascuas muy oloroso, y porque no le diesen más calor de lo que el quería, ponían delante una como tabla labrada con oro y otras figuras de ídolos, y él, sentado en un asentadero bajo, rico y blando, y la mesa también baja, hecha de la misma manera de los asentaderos.

Del servicio a la mesa

"Allí le ponían sus manteles de mantas blancas y unos pañizuelos algo largos de lo mismo, y cuatro mujeres muy hermosas y limpias le daban aguamanos en unos como a manera de aguamaniles hondos, que llaman xicales; ponían debajo para recoger el agua otros a manera de platos, y le daban sus toallas, y otras dos mujeres le traían el pan de tortillas.

"Ya que comenzaba a comer, echábanle delante una como puerta de manera muy pintada de oro, porque no le viesen

De la deferencia a los ancianos

HUEXOLOTL
(Turkey from Mexico City)

stood at his side whom Moctezuma talked to and asked questions from time to time and as a great favour he would give each one of these old men a dish of what he liked best.

"The meals were served in dishes of Cholula clay some of which were dark and some brightly coloured; Moctezuma's retinue in rooms near him were not permitted to make a noise or speak loudly so that he could think. They brought him every kind of fruit to be found in the land, but he ate but little. Now and again they brought him cups of pure gold filled with a certain drink made of cacao. They said it was so he would be successful with women and so we did not look into it; but what I saw is that they brought more than fifty big pitchers filled with foaming cacao and he drank of it and the women served him with great deference. Sometimes there were some very ugly, hunchbacked Indians there at mealtimes. They were small and their bodies were broken. Some of these were clowns and others must have been jesters. They told Moctezuma jokes and others told him stories and danced because Moctezuma

HUEXÓLOTL
(Guajolote-procedente de México, D.F.)

comer, y estaban apartadas las cuatro mujeres; y allí se le ponían a sus lados cuatro grandes señores viejos en pie con quienes Moctezuma de cuando en cuando platicaba y preguntaba cosas; y que mucho favor daba a cada uno de estos viejos un plato de lo que a él más le sabía.

"Servíanse con barro de Cholula, uno colorado y otro prieto. Mientras que comía, ni por pensamiento había de hacer alboroto ni hablar alto los de su guarda, que estaban en las salas, cerca de la de Moctezuma. Traíanle frutas de todas cuantas había en la tierra, mas no comía sino muy poca. De cuando en cuando traían unas como a manera de copas de oro fino con cierta bebida hecha del mismo cacao. Decían que era para tener acceso con mujeres, y entonces no mirábamos en ello; más lo que yo veía es que traían sobre cincuenta jarros grandes, hechos de buen cacao, con su espuma, y de aquello bebía y las mujeres le servían de beber con gran acato.

"Algunas veces, al tiempo de comer estaban unos indios corcovados muy feos, porque eran chicos y quebrados por medio de los cuerpos, que entre ellos eran chocarreros, y

loved pleasures and singing. They were sent for the desserts and pitchers of chocolate.

"The same four women removed the tablecloths and came back to wash his hands, and they did it with great deference; and Moctezuma would talk to those four worthy old men on things which interested him and they would take their leave of him with the great reverence they had for him and he remained resting. When the great Moctezuma had eaten, then all his guards ate and all his other numerous household servants, and it seemed to me that they brought out over a thousand dishes of those viands of which I have already spoken.

Urbanity at table

"Also they put on the table three painted and gilded pipes and in them there was an amber liquid mixed with some herbs called tobacco. When he had eaten, and when they had danced and sung before him and cleared the table, then he would smoke of one of those pipes, but only a little, and with that he would fall asleep".

Rest and pleasure of the emperor

otros indios que debían ser truhanes, que le decían gracias, y otros que le contaban y bailaban, porque Moctezuma era aficionado a placeres y cantares. A aquellos mandaba por los relieves y jarros de cacao.

"Las mismas cuatro mujeres alzaban los manteles y le tornaban a dar aguamanos, con mucho acato que le decían; y hablaba Moctezuma a aquellos cuatro principales en casos que le convenían y se despedían de él con gran reverencia que le tenían, y el se quedaba reposando. Cuando el gran Moctezuma había comido, luego comían todos los de su guarda y otros muchos de sus serviciales de casa, y me parece que sacaban sobre mil platos de aquellos manjares que dicho tengo.

De la urbanidad en la mesa

"También le ponían en la mesa tres cañutos muy pintados y dorados, y dentro tenían liquidámbar revuelto con unas yerbas que se dice tabaco. Cuando acababa de comer, después que le habían bailado y cantado y alzado la mesa, tomaba el humo de uno de aquellos cañutos y muy poco, y con ellos se adormía."

Descanso y placer del emperador

MAN AND MAIZE

As maize was the staple food of Indian cooking in Pre-Columbian America, there were many deities consecreted to it to whom they gave worship; the most important were *Centeotl*, the god of maize; *Gilonen*, the goddess of the tender ears of corn, and *Ilamatecuhtli*, the goddess of the dry ears of corn.

The Mayas believed that the first man had been made of maize. In the *Popol-Vuh*, the sacred book of the Mayas, it is said:

Mayan genesis

"There were yet no men, animals, birds, fish, crabs, sticks, stones, pits, ravines, straw nor mountains; there was only sky. The face of the Earth had not appeared, only the sea had been contained and all the sky; there was nothing next to it, nothing made a noise nor was there anything on foot; only the water was contained, only the sea had been calmed, only she, nor was there anything in existence; all

DEL HOMBRE DEL MAIZ

Debido a que el maíz era la base de la comida indígena en la América precolombina, existían muchas deidades consagradas a él y a las cuales rendían culto, siendo las principales: *Centeotl*, dios del maíz, *Gilonen*, diosa de las mazorcas tiernas, e *Ilamatecuhtli*, diosa de las mazorcas secas.

Génesis maya

Los mayas creían que el primer hombre había sido hecho de maíz y en el *Popol-Vuh*, libro sagrado de este pueblo, se dice:

Creación de la tierra

"Aún no había hombres, animales, pájaros, peces, cangrejos, palo, piedra, hoyo, barranca, paja ni monte, sino estaba el cielo. No se manifestaba la faz de la Tierra, sino sólo estaba el mar represado y todo lo del cielo; no había cosa alguna junta, ni sonaba nada, ni cosa que estuviera parada de pie; sólo el agua represada, sólo el mar sosegado, sólo ella, ni cosa alguna había que estuviese; todo estaba en silencio y sosiego en la oscuridad de la noche. Sólo estaba el creador y formador Señor Culebra Fuerte.

was quiet and calm in the darkness of the night. There was only the creator and maker, the Lord Strong Snake".

Creation of the world

"In the beginning", continues this account, "the earth was created, the mountains and the plains; the water courses were divided and many streams began to go down the hills. In determined places the water stopped and the big hills appeared and the earth was formed and it was created by those who are called 'Heart of the Sky', 'Heart of the Land' and 'Heart of the Water'. Then animals were created and they were told where they would drink and sleep, and the birds were given their nests in the trees, where they would form and raise their little chicks; and they were told to sing and warble, and thus they formed their groups and species. But they did not praise the gods and so the gods decided to create a superior being. The first such being was made of clay, but this material was not successful because the being had no strength and was inept.

"The gods gathered together again: *Gugumatza, Tzakil, Bitol, Tepeu,* and so they tried a second time. *Se-Alom* and *Cojolom,* and the grandfather and grandmother, *Xpiyacoc* and

"Primeramente —prosigue el relato— se creó la tierra, los montes y los llanos; se dividieron los caminos del agua y anduvieron muchos arroyos entre los cerros. En señaladas partes se detuvo el agua y se mostraron los grandes cerros y así se formaba la tierra y se creó por aquellos que se llaman 'Corazón del Cielo', 'Corazón de la Tierra' y 'Corazón de Agua'. Luego se crearon los animales, diciéndoles a las bestias donde beberían y dormirían, a los pájaros se les dió su nido en los árboles, en donde formarían y criarían a sus polluelos; y en general se les advirtió que cantaran y trinaran, y así formaron sus grupos y especies. Pero no alababan a los dioses y estos decidieron crear a un ser superior. El primero fue construído en barro, pero este material no tuvo éxito, ya que el ser que se formó no tenía fuerza y era inepto.

"Los dioses se reunieron nuevamente: *Gugumatza, Tzakil, Bitol, Tepeu,* y así se procedió a un segundo ensayo. *Se-Alom* y *Cojolom,* así, como el abuelo y la abuela, *Kpiyacoc* y *Xmucane*. Y así se procedió a un segundo ensayo. Se fabricó un

Mayan flood

Xmucane. And so they tried a second time. They made man of cork, *Tzite*, and women of the pith of the bullrush, *Sibak*. They had offspring but they had neither gratitude nor intelligence and they forgot their creators. The angry gods decided that a great calamity would happen... The face of the earth darkened and a dark rain began which went on ceaselessly day and night. And carnivorous animals tore apart their limbs and crushed their bones. Everything conspired against them; animals and domestic objects cursed and insulted them. In desperation men ran hither and thither and climbed the trees and tried to take refuge in caves, but the caves closed up and would not give them asylum... And thus perished the men of *Tzite* and *Sibak*.

"Then the man of maize was created and thus the gods saw their efforts crowned. He was a being who thought, who spoke like a perfect being; he could see and his eyes turned toward heaven, and in gratitude he raised prayers to the divinity in testimony of his thankfulness. And thus remained the world... Until our days".

YUM KAK
(God. of Maize-Codex Dresden, 12)

YUM KAK
(Dios del Maíz-Códice Dresde, 12)

Diluvio maya

hombre de corcho, *Tzite*, y mujeres de médula de la espadaña, *Sibak*, que tuvieron sucesión pero no tenian gratitud ni inteligencia y se olvidaron de sus creadores. Los dioses enojados decidieron que sobreviniera una gran catástrofe... "Se obscureció la faz de la tierra y comenzó una lluvia tenebrosa, sin tregua, de día y de noche. Y animales carnívoros les arrancaban los miembros y les pulverizaban los huesos. Todo se conjuró contra ellos; los animales y objetos domésticos los maldijeron y llenaron de improperios. Desesperados los hombres, corrían por doquier y subían a los árboles e intentaban refugiarse en las cavernas, pero estas se cerraban y no les daban asilo... Y así perecieron los hombres de *Tzite* y *Sibak*.

"El hombre de maíz fue creado entonces y así los dioses vieron coronados sus esfuerzos. Era un ser que pensaba, hablaba como un ser perfecto, puede ver y su mirada se elevó hasta el cielo, y agradecido elevó preces a la divinidad, testimoniando su agradecimiento. Y así quedó el mundo... Hasta nuestros días."

OF THE FOOD WHICH GENTLEMEN USED TO EAT

In the books left to us by FRAY BERNARDINO DE SAHAGÚN on the different types of food of the Great Tenochtitlan, in book eight chapter XIII of the *History of the Things of New Spain,* we find the following foods which we shall try to identify with those of today:

TORTILLAS

Of Aztec bread

I. "The tortillas which were eaten every day by the gentlemen were called *Tatonqui, Tlascalli, Tlaxcualpacholli*; which means white tortillas, hot and folded over, made in a *chiquihuitl* (basket) and covered with a white cloth."

This refers to tortillas made with white maize, made with a carefully prepared nixtamal. This is done in the following way: choose clean healthy maize. For 1 kilo of maize take 3

DE LAS COMIDAS QUE USABAN LOS SEÑORES

En los libros que nos legó FRAY BERNARDINO DE SAHAGÚN, sobre las diferentes clases de comidas que usaban en la Gran Tenochtitlán, en el libro octavo, capítulo XIII de la *Historia de las Cosas de la Nueva España*, encontramos las siguientes comidas que trataremos de identificar con las de hoy en día:

TORTILLAS

De el pan azteca

I. "Las tortillas que cada día comían los señores se llamaban *Tatonqui, Tlaxcalli, Tlacuelpacholli,* que quiere decir, tortillas blancas y calientes y dobladas, compuestas en un *chiquihuitl* y cubiertas con un paño blanco."

Se refiere a las tortillas de maíz blanco, hechas con nixtamal cuidadosamente preparado. Se hace de la manera si-

to 4 liters of water and 4 spoonfuls of cooking lime. This is sold in markets but if you cannot find it (as it is hard to get in the markets of other countries and in some of our markets also) you can obtain it by pouring water over live lime and covering it.

How to make nixtamal

Put a clay pot with water in which the four spoonfuls of lime have been dissolved on the fire. When the water boils, add the maize which has been washed. Boil for five minutes, remove from the heat and cover. If you do not live at a high altitude and are preparing the nixtamal at lower altitudes, leave it on the fire only 2 or 3 minutes. You will know if it is ready, if, when you take a kernel, the skin which covers the maize kernel comes away easily.

Leave the nixtamal until the following day, wash it and grind it on a *metate* or in a hand mill. If you use too much lime, the dough is yellow and is said to be *nexa*. If the maize is cooked too much it becomes sticky and lacks elasticity; you cannot make good tortillas with it. When the maize is cooked too little the tortillas made with this nixtamal are

guiente: Se escoge un maíz limpio y sano. Para 1 kilo de maíz se necesitan de 3 a 4 litros de agua y cuatro cucharadas de cal para cocinar. Esta cal la venden en los mercados, pero si no se encuentra o se acostumbra en los mercados de otros países e incluso en algunos estados de nuestro país, se obtiene echándole agua a la cal viva y tapándola.

De como hacer el nixtamal

Se pone en la lumbre una olla de barro con el agua en la que se habrán disuelto las 4 cucharadas de cal, cuando rompe el hervor, se le agrega el maíz que se habrá lavado de antemano, se deja hervir 5 minutos, se saca del fuego y se tapa. Si no se está en la altiplanicie, y se prepara el nixtamal en lugares más bajos, se dejará en la lumbre solamente de 2 a 3 min. Se conoce si está en su punto si al tomar un grano se le desprende fácilmente la película que cubre el grano de maíz.

Se deja reposar hasta el día siguiente, se lava y se muele en el metate, o en el molino.

Si se abusa de la cal, la masa resulta amarilla, entonces se dice que esta *nexa*. Si el maíz se cuece demasiado, queda *chiclos y sin correa* y no pueden hacerse bien las tortillas, que al cocerse quedan pegajosas. Cuando el maíz no se ha cocido

pizcas (popular term meaning that parts of the tortilla are cooked and parts raw).

> II. "They used to eat other tortillas too which were called *Veiltexcalli* which means big tortillas. These are very white and thin, wide and soft."

These tortillas must be made very carefully. It is difficult to cook them just right because the comal has to be at exactly the right temperature. They are made on clay or iron comales. Test the comal by throwing a spoonful of cold water on it. If the water evaporates instantly, begin to cook the tortillas. Place the tortilla on the comal; after about 15 or 20 seconds (not more because the tortilla will dry up) turn over the tortilla. Cook it for 30 seconds and turn it over once again and cook it for a further 15 or 20 seconds. Sometimes the tortilla puffs up like a balloon. If the person making them is an expert the tortillas will always puff up. And the tortillas will be, as Fray Bernardino says, very white, thin and soft.

MAIZE
(Seal found in Veracruz)

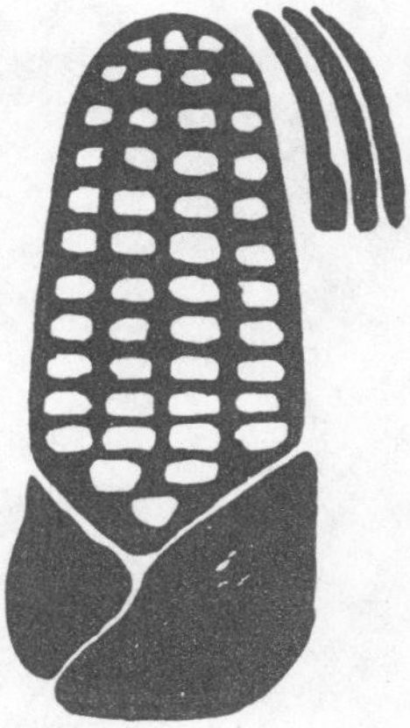

MAÍZ
(Sello encontrado en Veracruz)

bien, las tortillas hechas con este nixtamal quedan *pizcas* (término popular para decir que quedan con partes cocidas y otras crudas).

> II "Otras tortillas se comían también que se llamaban *Veiltexcalli* quiere decir tortillas grandes. Estas son muy blancas y muy delgadas, anchas y muy blandas".

Estas tortillas se tienen que hacer con mucho cuidado, y su cocimiento es delicado, ya que el calor del comal debe ser exacto. Se hacen en comales de barro o de fierro, el comal se prueba echando una cucharada de agua fría sobre el comal, si ésta se evapora instantáneamente, se empiezan a cocer las tortillas. Se coloca la tortilla sobre el comal, se espera para voltearla aproximadamente de 15 a 20 segundos (no debe de dejarse más tiempo sin voltear porque se seca); se deja cocer 30 segundos más y se procede a voltearla nuevamente, se deja cocer otros 10 ó 20 segundos, algunas veces se esponja como un globo. Si la persona que las hace es experta, éstas se esponjarán siempre. Y las tortillas

Of the variety of tortillas

III. "They ate other tortillas called *Quauhtlacualli*. They were very white and thick and big and rough."

These tortillas are rough because the maize is not finely ground. These tortillas are still made and are sometimes sold in the markets. They have an agreeable taste which is different from that of ordinary tortillas. They are also made of young maize and are called *tlascales*.

IV. "They ate another kind of tortillas which were white or sometimes rather brown. They were very tasty. These were called *Tlascalpacholli*."

These tortillas must be the blue tortillas which are made with purple or blue maize.

serán como dice Fray Bernardino, muy blancas y delgadas y blandas.

De la variedad de tortillas

III. "Comían otras tortillas que se llamaban *quauhtlacualli*, eran muy blancas y gruesas y grandes y ásperas".

La aspereza de estas tortillas se debe a que el nixtamal se martaja, es decir, no se muele perfectamente. Todavía se hacen estas tortillas y algunas veces las venden en los mercados. Son de sabor agradable y difiere al de las tortillas comunes. Se acostumbra también hacerlas de maíz tierno y las llaman *tlaxcales*.

IV. "Otra manera de tortillas comían que eran blancas y otras algo pardillas, de muy buen comer, que se llamaban *tlaxcalpacholli*."

Estas tortillas seguramente son las azules que se hacen de maíz morado o azul.

V. "They also ate small rolls which were not round but long which they called *Tlascalmimilli*; these are long and rounded, about the length of the palm of the hand or a bit less."

RECIPE FOR TLATLOYOS OR TLACOYOS
Bean tlacoyos with a salad

Medium sized tlacoyos filled with beans	12	
thick cream	1	cup
lettuce cut up washed and disinfected	1	
sauce made with pasilla chilis	3	dessert spoons
lard		

These rolls may be what we now call *memelas*; they are eaten with sauce and when stuffed with brown beans, butter

V. "También comían unos panecillos no redondos sino largos, que se llamaban *Tlaxcalmimilli*; son rollizos y blancos, del largo de un palmo o poco menos."

Estos panecillos pueden ser las actuales memelas, que se comen con salsa y que, rellenas con frijol, haba o arvejón, se llaman *tlaltoyos*. Estos se preparan de diferentes formas.

TLATLOYOS O TLACOYOS
Tlacoyos de frijol con ensalada de lechuga

tlacoyos de tamaño mediano, rellenos de frijol	12	
crema de leche espesa	1	taza
lechuga rebanada desflemada y desinfectada	1	
salsa de chile pasilla	3	cucharadas
manteca de cerdo		

beans or peas, are called *tlatloyos*. These were prepared in different ways.
Fry the tlacoyos in the fat, put the cream and the sauce over them and decorate with the lettuce leaves.

CHILE PASILLA SAUCE

toasted deveined pasilla chilis	2
green tomatoes	12
garlic	1
salt	to taste

Remove the membranes from the green tomatoes. Boil the tomatoes with 1/4 teaspoon salt for 5 minutes. Grind the garlic with the help of the metate or molcajete. Then grind the chili and finally the tomatoes. The ingredients may be ground up together in an electric blender if desired.

Preparación: Se fríen en la manteca los tlacoyos, se les pone la crema y la salsa y la lechuga bien escurrida alrededor.

SALSA DE CHILES PASILLA

chiles pasilla, desvenados y tostados	2	
tomates verdes	12	
ajo	1	diente
sal	al gusto	

Preparación: Se hierven los tomates verdes sin cáscara y con 1/4 de cucharadita de sal, por espacio de 5 minutos, se muele en el metate o molcajete el diente de ajo con la sal, que debe de ser al gusto del que cocine, se muele enseguida el chile y por último los tomates.
Si se desea se puede usar la licuadora poniendo todos los ingredientes juntos para que se muelan mejor.

VI. "They ate another kind of tortillas called *tlacepaol-lilaxcalli*; they were like puff pastry; they were a delicacy."

Nowadays we make lard gorditas, which must be very similar to the above. They are very easy to make:
to 1 kilo of tortillas dough, add 2/3 cup of lard, or 1 cup of the little pieces of meat found in unpurified lard, salt to taste, and 1/4 teaspoon of carbonate.
Mix all the ingredients together. Form thick, round tortillas and toast them on a comal over a medium flame. Toast them for about 2 minutes on each side. Gorditas are generally eaten at breakfast with stew and beans, onion sauce and cheese.
Beyond a doubt, the ancient inhabitants of Mexico knew how to cook with fats and vegetable oils. They used the fats of the wild boar, the turkey and the armadillo. Armadillo fat is still used in the south-east of Mexico. They remove the ganglions, called "mariscos" (shellfish) from its neck and axillae because otherwise it would taste bad. Armadillo meat and fat is used mainly for making tamales and mole.

Lard Gorditas

PAPALOTL
(Butterfly-seal found in Teotihuacan)

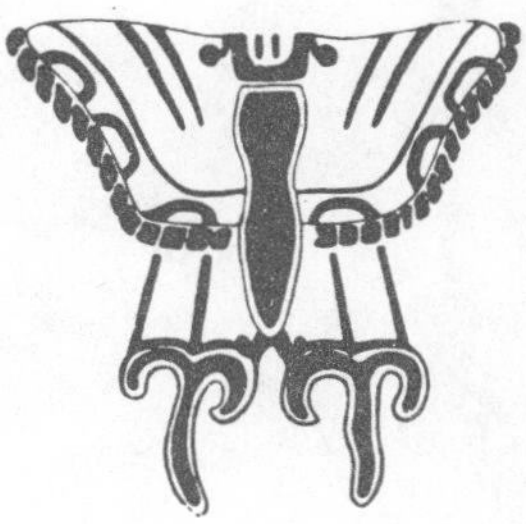

VI. "Otra manera de tortillas comían, que se llamaban *Tlacepaollílaxcalli*; que eran ahojaldradas; eran de delicado comer'

Actualmente se hacen las gorditas de manteca, que me parece deben de ser muy parecidas a las que hace referencia la nota anterior. Son sencillas de confeccionar: por 1 kilo de masa para tortillas, se les agrega 2/3 de taza de manteca de unto, ó 1 taza de los chicharrones que sobran al freír el unto, sal al gusto y 1/4 de cucharadita de carbonato.
Se revuelve todo perfectamente bien, se hacen tortillas redondas y gruesas y se cuecen en un comal templado, cociéndolas aproximadamente 2 minutos de cada lado, igual que las tortillas.
Estas gorditas se toman generalmente en el almuerzo, acompañado un guisado de carne o con frijoles, salsa, cebolla y queso.
Es indudable que los antiguos habitantes de México tuvieron el conocimiento del uso de las grasas y aceites vegetales para cocinar. Utilizando la grasa del jabalí, la del guajolote (enjun-

PAPALOTL
(Mariposa-sello encontrado en Teotihucan)

Gorditas de manteca

Vegetable oils were obtained mainly from peanuts and pumpkin seeds.
In Huatusco, in the state of Veracruz, they still prepare a sauce called *tlatonile* with peanuts and chili. It can be kept for there of four months without losing its flavor and you can see how the oil separates from the rest of the ingredients. In Yucatan, there is a dish called *papatzul* made with pumpkin seeds. The pumpkin seed oil is extracted by grinding the seeds and then pressing them in boiling water. Nowadays oil made from seeds is produced commercially in Merida and is sold under the name of *Iza*.
Pre-Columbian cooking would never have been of such a high quality without the use of fats.

dia,) la del armadillo que todavía se usa en la región del sureste. El armadillo le quitan una especie de ganglio que tiene en el cuello y en las axilas a los que llaman mariscos, sin este procedimiento la carne y la grasa toman mal sabor.
Esta carne y grasa se utiliza principalmente para hacer tamales y mole.
Los aceites vegetales eran obtenidos principalmente del cacahuate y de la pepita de la calabaza.
En Huatusco, estado de Veracruz, se confecciona todavía el *tlatonile*, salsa hecha a base de cacahuate y chile que se puede guardar por tres o cuatro meses sin menoscabo de su sabor y ya de reposado se puede observar como se separa el aceite.
En la cocina yucateca existe un guiso llamado *papatzul* a base de pepita de calabaza a la cual se le separa el aceite moliéndola y exprimiéndola en agua hirviendo. En la actualidad en Mérida se ha industrializado el aceite de pepita de excelente sabor; su nombre comercial es *Iza*.
Consideramos que sin este conocimiento del uso de las grasas, la cocina prehispánica no hubiera llegado al grado de perfección que alcanzó.

TAMALES

I. "They also ate many different kinds of tamales; some tamales are like white lumps, they are not round nor square; they have a shell shape at the top made with beans."

To make tamal dough prepare a nixtamal which is similar to that used for tortillas except that it must be cooked for about ten minutes more. When the nixtamal is cold, wash it perfectly until it is white. Grind it in a mill or a metate. The dough should be ground without any liquid and afterwards sieved. In Mexico City there are many mills which specialize in grinding nixtamal to make tamal flour. They sell it damp or dried by the kilo. The damp flour is fresh flour and the dry flour is special dehydrated flour which lasts up to two months without spoiling.

How to prepare tamales

The tamales are wrapped in sweet corn husks or dry maize husks called *totolmochtle*. They can also be wrapped in banana leaves. The maize husks are soaked in hot water for

TAMALES

I. "Comían también tamales de muchas maneras; unos de ellos son blancos y a manera de pella, hechos no del todo redondos ni bien cuadrados; tienen en lo alto un caracol que les pintan los frijoles con que están mezclados."

Explicación de como preparar los tamales

Para la masa de los tamales se prepara un nixtamal similar al de las tortillas, sólo que debe de cocerse 10 min. más, aproximadamente. Una vez frío se lava perfectamente hasta que quede blanco, se muele en molino o en metate. Si son cernidos, la masa deberá de molerse sin agregar líquido alguno y después cernirse. En la Ciudad de México, existen numerosos molinos dedicados a hacer nixtamal para hacer la harina de tamales, la venden por kilos húmeda y seca, la húmeda es la fresca y la seca es harina deshidratada especial, que dura hasta dos meses sin echarse a perder. Los tamales se hacen sobre hojas de elote o de maíz seco llamadas *totolmochtle*, también se hacen en hojas de plátano. Las hojas

two hours and washed very carefully before being used. The banana leaves are roasted or boiled so that they will be soft and not break when the tamales are made. Tamales are steamed. It seems that the Bain-Marie was invented by the Mexicas.

BEAN TAMALES

dough	1	kilo
lard	400	grms.
chicken or pork stock	1 1/4	cup
spoons of salt	1 1/2	dessert
salpetre	1/4	cup
or baking powder	1	teas

Bean tamales are made with mashed beans cooked sometimes with a few avocado leaves and salt or sometimes with

de maíz se remojan en agua caliente por espacio de 2 horas, se lavan perfectamente antes de usarse, las hojas de plátano se asan o hierven con el fin de que se suavicen y no se quiebren al hacer el tamal. Se cuecen al vapor. Parece ser que la vaporera se inspiró en la forma de cocinar de los mexicas.

TAMALES DE FRIJOL

masa	1	kilo
manteca de unto	400	gramos
caldo de pollo o puerco	1 1/4	taza
sal	1 1/2	cda.
cocimiento de tequesquite,	1/4	taza
o polvos de hornear	1	cdta.

Los tamales de frijol se hacen con frijol cocido, guisado y molido, sazonándose unas veces con hojas de aguacate y sal,

chili, garlic and cumin. Roll out the dough, spread mashed beans over it and roll it up. Cut it up in small pieces and wrap the pieces in maize or banana leaves. Then cook.

Beat the lard with the salt until it is fluffy. Beat the dough with the stock and the salpetre. Add the beaten lard and mix well.

Roll out the dough to a rectangular shape on a damp cloth. Spread the cooked mashed beans over it. Roll it up and cut in into pieces of about 3 sp. centimeters. Place these on the previously prepared husks. Fold the husks over.

Cook in a steamer for about 45 minutes to 1 hour. You know they are cooked when the filling comes away from the husk.

o con chile, ajos y cominos, otras. Se extiende la masa, se le pone una capa de frijol y se enrolla. Se cortan en pequeñas porciones, que se envuelven en las hojas de maíz o de plátano. Posteriormente se cuecen.

Procedimiento: Se bate la manteca con la sal hasta que esté esponjosa, se bate la masa con el caldo y el cocimiento de tequesquite, se le agrega la manteca batida y se revuelve bien.

En una servilleta húmeda se extiende la masa en forma de rectángulo, se rellena con el frijol que ya se habrá guisado de antemano. Se enrolla y se cortan porciones de 3 cms. aproximadamente. Se colocan estas porciones en las hojas de maíz que ya se tendrán preparadas de antemano. Se cierran doblándolas en tres a lo largo de la hoja, es decir, tomando la forma de la misma, y luego se doblan por la mitad, se cuecen en una vaporera por espacio de 45 min. a 1 hora. Se conoce que están cocidos cuando se desprenden de la hoja.

FILLING

cooked beans	4	cups
lard or oil	1/4	cup
garlic	3	cloves
avocado	1	leaf
deveined, toasted and chopped pasilla chilis	3	
finely chopped onion	1/2	cup

Mash the beans. Put the lard and the onion in a saucepan or fryingpan. When the onion turns golden, add the finely chopped garlic, then the mashed beans and the avocado leaf. Fry thoroughly. Then leave the mixture to cook. Then add the chopped chili. Grated Chihuahua (like Cheddar) or Cottage cheese may be added.
Serve with tomato sauce (without chili) and cream or by themselves.

RELLENO

frijol cocido	4	tazas
manteca o aceite	1/2	taza
ajo	3	dientes
aguacate	1	hoja
chiles pasilla, desvenados, tostados y cortados en trozos pequeños		3
cebolla picada finamente	1/2	taza

Preparación: Se muelen los frijoles, en una cazuela o sartén se pone la manteca y la cebolla, cuando está dorada ésta última, se le agregan los ajos picados finamente, enseguida los frijoles molidos con la hoja de aguacate, se refríen perfectamente, se retiran del fuego y se dejan enfriar y se les agrega el chile cortado. En la actualidad se les puede agregar queso cotija o de chihuahua rallado.
Se sirven con una salsa de jitomate sin chile y crema, o simplemente solos.

II. "There are other tamales which are soft and smooth like Spanish bamba bread."

The "soft and smooth" tamales mentioned by Sahagún, are soft and smooth because of the care with which the nixtamal is cooked. In the state of Michoacan they make particularly smooth ones called *corundas*.

CHICOMECOATL
(Tepepulco manuscript)

CORUNDAS

The authentic corundas are made by the Indians with *nixtamal* made from maize and ashes instead of maize and lime. They are wrapped in leaves from the maize plant, called *milpa* leaves.

II. "Otros tamales que son blancos y muy delicados, como digamos, pan de bamba o a la guillena. Otra manera de tamales comían, blandos pero no tan delicados como los de arriba, sino algo más duros".

Los tamales "blancos y delicados" que señala Sahagún, resultan blancos y delicados por el cuidado que se pone al cocer el "nixtamal", en el Estado de Michoacán hacen unos que se llaman *corundas*.

CHICOMECÓATL
(Manuscrito de Tepepulco)

CORUNDAS

Las auténticas corundas las hacen los indígenas con maíz y con ceniza en lugar de cal al poner el *nixtamal* y las envuelven en las hojas de la planta del maíz, que se llaman hojas de milpa.

CORUNDAS

tortilla dough	1	kilo
lard	1/4	kilo
milk	1/2	cup
baking powder	1	teaspoon
green tomato membranes	12	
bicarbonate of soda	1/2	teaspoon
water	1	cup
fresh milpa leaves	30	

Bring to the boil the washed tomatoes with the bicarbonate of soda. Let them cool. Sieve enough of the tomatoes to make up 1/2 cup and mix them with the milk.
Beat the lard until it turns white and fluffy. Gradually add the dough, the milk and the baking powder, a little bit of each in turn until all these ingredients have been added.

CORUNDAS

masa de maíz (de las tortillas)	1	kilo
manteca de puerco	1/4	de kilo
leche	1/2	taza
polvo de hornear	1	cdta.
cáscaras de tomate verde	12	
bicarbonato	1/2	cdta.
agua	1	taza
hojas de milpa frescas	30	

Preparación: Se pone al fuego el agua con las cáscaras de tomate lavadas y con el carbonato, cuando suelta el hervor se retira y se deja enfriar y asentar un poco; se cuela y se mide 1/2 taza y se mezcla con la leche.
Se bate la manteca hasta que blanquea y esponja muy bien, se agrega la masa alternándola con la leche y la cdta. de

Beat the mixture until it is fluffy. Wash the milpa leaves; drain well; remove the veins down the middle of each leaf, thus leaving two pieces from each leaf; fold over the wider end, making a flap. Put the dough on it and fold over the leaf in the shape of a triangle. Tuck the end into one of the folds. Steam for one hour. They are sufficiently cooked when the dough comes away from the leaf. They can be eaten with pork sauce and fried beans.

Varieties of tamales

III. "They used to eat other tamales which are red and have a shell on top. They become red because when the dough has been made it is left in the sun for two days and they are turned over a fire and in this way they become red."

I do not think that tamales become red by being left in the sun. Here there is probably a very justifiable error because Father SAHAGÚN must have known very little about cooking and still less about Aztec cooking. But perhaps I do not know about this process. It seems to me that they must have

polvo de hornear, y se sigue batiendo hasta que quede esponjosa.
Las hojas de milpa se lavan, se escurren bien, se les quita la vena del centro, quedando así dos tiras de cada hoja; en el extremo más ancho se les da un doblez, formando como un cucurucho, ahí se pone la masa y se empieza a envolver con la hoja dándole forma de triángulo y metiendo el extremo en uno de los dobleces; se ponen a cocer a vapor durante 1 hora. Se conoce que están cocidos, cuando se desprenden de la hoja. Para comerse se pueden acompañar de un guisado de cerdo en salsa y frijoles refritos.

Variedades de tamales

III. "Otros tamales comían que son colorados y tienen su caracol encima. Se hacen colorados porque después de hecha la masa la ponen dos días al sol y al fuego y la revuelven, y así se ponen colorados".

No creo que se pongan los tamales colorados por asolear la masa, en esto es probable que haya un error muy justificable, ya que el padre SAHAGÚN muy poco debía saber de co-

put the dough in the sun as they still do in some villages but they do it so that they can grind the corn when it is dry and thus sieve it better. The red tamales take on the colour of the mole with which they are stuffed. The shell is made with the dry corn husk which the tamal is wrapped in. This is done in the following way: soak and wash the corn husks and shake and dry them well. Spread the tamal dough on the bottom half of each husk; put the stuffing on the dough and fold the husk in three. If it is an ordinary tamal fold again in half so as to close it. If it is a shell tamal twist it a little and squeeze the dough. The wrapping and the stuffing of the tamales vary according to the region. In the North of Mexico, they are stuffed with mole made with "ancho" chilis, garlic, cumin and pork or chicken. They can also be stuffed with minced chicken, olives and pickled chilis. In Puebla and the Federal District of Mexico, they are made with green or red mole, with either pork or turkey or chicken; they are also made with slices of cheese or cheese and chenopodium or with beans. Sweet tamales coloured pink are made with seedless raisins; there are coconut or walnut

cina, y menos aún de la de los aztecas. Tal vez yo desconozco este procedimiento. Me parece que debían de poner la masa al sol como todavía lo hacen en algunos pueblos, para así poder moler la masa en seco y así cernirla mejor. Los tamales rojos toman su color del mole que se les pone en el centro al rellenarlos, el caracol se forma con la hoja de maíz seco en que se envuelve el tamal. Esto se hace de la siguiente manera: en una hoja de maíz ya remojada y lavada, se secan y se sacuden bien, se unta la mitad en su parte inferior con la masa para los tamales; se les pone el relleno y se doblan en tres; si es tamal común y corriente se vuelve a doblar por la mitad, a manera de cerrarlo; si es de caracol, se tuerce un poco y se aprieta hacia dentro de la masa. La envoltura y el relleno de los tamales varían según la región donde se hacen. En el norte se rellenan con mole hecho con chile ancho, con ajo y comino, carne de puerco o pollo, también se rellenan con picadillo de pollo, con aceitunas y chiles en vinagre; en Puebla y en el Distrito Federal se hacen de mole verde o rojo, ya sea con carne de puerco o de guajolote o de pollo; se hacen también de rajas con queso, o de queso con epazote, de frijoles, de dulce teñido de color

tamales and "canaries" which are made with butter, rice flour and eggs.

In Oaxaca, they are made with banana leaves filled with typical black mole and a whole piece of chicken. In Veracruz, they are made with cooked dough and stuffed with pork and acuyo leaf or mint. And in Papantla, Veracruz, the city of vainilla and the flying dancers they make an extraordinary gigantic tamal in which they very often put the meat of a whole pig with a delicious sauce of "costeño" chili, tomato, and other spices. This tamal is called *zacahuil*.

Tamales in banana leaves

Also in the Huasteca region of San Luis Potosí, a tamal called *Zacahuil en muerto* (dead zacahuil) is made. It is wrapped in *papatla* husks, which are like banana leaves, and covered with a coat of clay so that it looks like a coffin.

There are many other kinds of tamales, as we have said, which vary according to the region and those who make them. Those who make them with care and good seasoning and cleanliness can make them turn out soft and delicate or, on the contrary, as Father Sahagún says, the bad cook is dirty and does everything badly.

BASKET
(Fragment)

rosa con pasitas sin semilla, o de coco o de nueces o "canarios", que son los hechos con mantequilla y harina de arroz y huevos.

CESTA
(Fragmento)

En Oaxaca los hacen en hoja de plátano, rellenos con el típico mole negro y una pieza entera de pollo. En Veracruz se hacen de una masa cocida y rellenos con carne de puerco y hoja de acuyo o hierba santa. Y en Papantla, Veracruz, ciudad de la Vainilla, se prepara un tamal gigante extraordinario en el que muchas veces se pone la carne de un cerdo entero con una deliciosa salsa de chile costeño, jitomate y otras especies. Se le llama a este tamal *zacahuil*. –

Tamales en hoja de plátano

También en la huasteca potosina se hace el *zacahuil en muerto*, envuelto en hojas de papatla que son parecidas a las del plátano, y cubierto con una capa de barro, que le da un aspecto de ataúd. Lo cuecen en horno de tierra.

Hay muchas otras versiones de tamales, como la hemos dicho varían según la región y las personas que los confeccionan son las que con cuidado y buen sazón y limpieza pueden hacer que éstos salgan blandos o por el contrario como dice Sahagún, la mala cocinera es sucia y todo hace mal.

COCHINITA PIBIL
The original Yucatan recipe

Spanish Paprika	30	grams
cumin	50	grams
oregano	10	leaves
anatto paste (Anatto Bixa orellana L. is used instead of saffron)	2	teas
garlic (toasted)	2	heads
salt to taste		
bitter oranges (or vinegar to taste)	6	
banana leaf	1	
small sow	1	

First kill the sow. Make up a good fire with plenty of flames and put leaves on it with which to burn off the bristles of

COCHINITA PIBIL

pimientas de castilla	30	granos
cominos	50	granos
orégano	10	hojitas
pasta de achiote	2	cdts.
ajos (asados)	2	cabezas
sal		al gusto
naranjas agrias (o vinagre al gusto)	6	
hoja de plátano	1	
cochinita chica	1	

Procedimiento: Después de que se ha matado a la cochinita, se pone un buen fuego y haciendo suficiente llama se van prendiendo unas hojas con las que se le quema el pelaje; después se le echa agua hirviendo y se pela con un cuchillo,

the pig. Then throw boiling water over it and skin it with a knife, scraping it until it is completely white and making sure that the ears and feet are absolutely clean. Then open up the pig and take out the offal. Wash the offal with the juice of the bitter oranges and then the pig itself both inside and outside. Then make cuts in the flesh and skin. Spread orange and salt over the pig. Then grind well the spices and mix with the rest of the orange pulp. Spread the mixture over the pig inside and out and leave so that the pig absorbs the flavour. Place a banana leaf at the bottom of an ordinary pan, put the sow on this spreading the spice mixture over it once again and cover it with the banana leaf. Then put it in the pib for three hours. If you cannot do it in a pib, cover the pan with a lid and put it on the fire or in the oven for the same time, that is three hours or until the pig is tender. It has to be without any liquid, only its own fat.

The pib is made as follows: Make a square in the ground and dig to the depth of one meter. Put in it some burning coals, big stones and sufficient dry wood. When the wood

es decir, se raspa hasta que quede completamente blanca, procurando que las orejas y pezuñas queden completamente limpias; después se abre, sacándole todos los menudos, los que se lavan muy bien con naranja agria, lo mismo que la cochinita, por dentro y por fuera; luego se le hacen bastantes tajadas en la carne y en la piel y se unta bien, primero con pura naranja y suficiente sal; luego se muele muy bien el recado y se desbarata con el resto de la naranja, adobándola muy bien por dentro y por fuera, dejándola así para que tome bien el gusto. Se coloca en el fondo de una olla regular, hojas de plátano colocándose encima la cochinita, volviéndola a adobar con el recado y se cubre con la hoja del plátano; después se mete en el pib por tres horas. Si no se puede hacer en pib, se le pone a la olla una tapadera con bastante fuego y se pone al fuego, o se mete al horno, por el mismo tiempo, o sea tres horas, o hasta que suavice la cochinita. Ha de quedar sin caldo, sólo en su manteca.

El pib se prepara de la siguiente manera:

Se hace un cuadrante en la tierra y se ahonda como un metro de profundidad; se le pone unos carbones encendidos y

starts to burn, fill up the hole with more wood and blow on it so that there are flames.
Let all the wood catch alight and when all the wood and the stones are completely red, let the fire burn up all the wood. Then take out all the wood which is smoking. Put in the pan and cover with leaves and fill in the hole with the earth. After three hours the pig can be taken out. Do not leave it any longer because it will burn. The same process is used for pibipollo (chickens cooked in a pib).

bastante leña seca y piedras grandes; cuando la leña se enciende se le pone más, de manera que quede el cuadrante completamente lleno de leña y se sopla para que haga llama; se deja que prenda toda la leña y cuando ésta esté completamente roja, lo mismo que las piedras, se deja hasta que se consuma. Entonces se saca todo el palo que eche humo, sin dejar ni uno; se coloca la olla en medio, se cubre bien con unas pitas y se vuelve a tapar el cuadrante con la tierra que se sacó. Después de tres horas ya se puede sacar la cochinita. No debe dejarse más tiempo, porque se quema. Igual se hace cuando quieren hacer los pibipollos en pib.

VEGETATION GODS

The most important vegetation goddess of the Aztecs *is Chicomecóatl,* called "the Goddess of Sustenance" by the ancient chroniclers. She is also called "the Seven Ears of Corn". Her cult probably began in archaic times. She is represented with her face and body painted red, with a plume made of paper decorated with tassels also made of paper and with ears of corn in her hands.
Xochipilli, the "Prince of Flowers", presided over dancing, sports and games of chance. He was the male counterpart of the goddess *Xochiquetzal,* the goddess of summer and of love. He is represented adorned with flowers and corn, wearing a helmet with an eagle on it and holding a stick with a heart impaled on it.
Xochiquetzal, "the flower of the gorgeous plume", was the goddess of flowers and of housework and, incredibly, she was the patroness of the courtesans *—auianime or maqui—* who lived with the unmarried soldiers.

LOS DIOSES DE LA VEGETACION

La diosa azteca más importante de la vegetación es *Chicomecóatl,* llamada por los antiguos cronistas "Diosa de los Mantenimientos." Se llama también "Siete Mazorcas de Maíz." Su culto tal vez empieza en la época arcaica. Se le representa con el rostro y el cuerpo pintado de rojo, con un penacho de papel decorado con borlas de lo mismo, y en las manos mazorcas de maíz.
Xochipilli, el "Príncipe de las flores", presidía la danza, los deportes y los juegos de azar. Era la contraparte masculina de la diosa *Xochiquetzal,* diosa del verano y del amor. Se le representa adornado de flores y plantas de maíz, tocado con un casco de caballero águila y teniendo en la mano un bastón con un corazón ensartado.
Xochiquetzal, "La flor de la pluma rica", era la diosa de las flores y de los trabajos del hogar, e increiblemente también patrona de las cortesanas *—auianime o maqui—* que vivían con los guerreros solteros.

Of this goddess it is told that she was abducted by the god *Texcatlipoca*, one of the most important and disturbing gods of Aztec mythology, the patron of sorcerers and everything mysterious, such as death and destruction.

All the vegetation gods were adored by the Xochimilcas who cultivated on their floating gardens the vegetables and flowers which were used in the houses and temples of Tenochtitlan.

To this day in Mexico City, flowers and vegetables are used which have been cultivated in the legendary floating gardens of Xochimilco.

Pumpkin flower

The Aztecs used flowers in their cooking to prepare exquisite, subtly flavoured dishes. The most popular are pumpkin flowers, with which are made puddings, soups, tacos and quesadillas (which are tortillas with different fillings fried in lard or oil or toasted on a comal).

De esta diosa se cuenta que fue raptada por el dios *Texcatlipoca*, uno de los más importantes e inquietantes de la mitología azteca, patrono de los hechiceros y de todo lo que significa misterio, así como muerte y destrucción.

Todos los dioses de la vegetación eran adorados por los xochimilcas que cultivaban en sus chinampas las verduras y flores que se consumían en las casas y templos de Tenochtitlán.

En la actualidad, en la ciudad de México se consumen todavía flores y legumbres cultivadas en las legendarias chinampas de Xochimilco.

Flor de calabaza

Los aztecas usaban en su cocina las flores, que utilizaban para preparar guisos exquisitos y delicados. Las más populares son las de calabaza, con las cuales se confeccionan budines, sopas, tacos y quesadillas, nombre que se da en México a unas empanadas de masa rellenas con guisos diferentes y que se frien en manteca o aceite o simplemente se cuecen sobre un comal.

PUMPKIN FLOWER TACOS

tortillas	20	
pumpkin flowers	1	kilo
poblano chilis, washed, deveined and sliced	3	
chopped onion	1/2	cup
chooped chenopodium (Chenopodium abrosioides)	1/2	cup
sweet corn	1	cup
chopped green tomatoes	1	cup
oil	1	cup
thick cream	1	cup
grated cheese to brown the top	1 1/2	cups

Wash the flowers, removing the stalks and the pistils. Cut the petals finely or in strips. Fry the onion until golden in

TACOS DE FLOR DE CALABAZA

tortillas	20	
flor de calabaza	1	kilo
chiles poblanos limpios, desvenados y cortados en tiras	3	
cebolla picada	1/2	taza
epazote picado	1/4	taza
granos de elote	1	taza
tomates verdes picados	1	taza
aceite	1	taza
crema espesa	1	taza
queso rallado para gratinar	1 1/2	tazas

Procedimiento: Se limpian las flores quitándoles los tallos y los pistilos, se rebanan finalmente o se hacen tiras con los pétalos. En una cacerola se frien en 2 cucharadas de aceite

two dessertspoons of oil. Add the sliced poblano chilis and the sweet corn; then add the green tomato and cook for 8 or 10 minutes. Finally, add the flowers, salt and chenopodium. Cover and cook 5 minutes more.

Pour half a cup of oil into a frying pan, heat it and fry the tortillas removing them before they turn golden. Immediately spread them with the flower mixture, roll them up and place them on an ovenproof dish. Cover them with cream and then the grated cheese. Put them in the oven and bake for 15 minutes, until the cheese turns brown. Serve hot.

Of the diversity of dishes made with flowers

In some regions maguey flowers are eaten, in others the flowers of the piscidia (Piscidia piscipula), which are also called *gasparitos*; there are the *cuaresmenas*, palm flowers or *izote* flowers (Yucca torreyi), there are others called *manitas* (little hands) because they are in the shape of hands (Chiranthodendron pentadactylon). In Cholula, in the state of Puebla, they cook the *cuaresmenas*: toss them in butter and fry them in hot oil, either as a kind of big omelette or in small portions. They are stewed with pasilla chili or chil-

la cebolla y se deja freir hasta que tome un ligero color dorado, se le añaden las tiras de chile poblano y los elotes, enseguida se añade el tomate verde y se deja cocer de 8 a 10 min., por último se agregan las flores, la sal y el epazote, se tapa la cacerola y se dejan cocer 5 min. más. En un sartén se vierte 1/2 taza de aceite, se deja calentar y se pasan las tortillas en el aceite sin que doren, enseguida se rellenan con el guisado de flores, se enrollan, se colocan en un platón refractario, se cubren con la crema primero y luego con el queso rallado, se meten al horno y se hornean 15 min. más, hasta que gratine el queso. Se sirven calientes.

De la diversidad de platillos elaborados con flores

En algunas regiones se comen las flores de maguey, en otras las de colorín, a las que dan el nombre de *gasparitos*; hay las cuaresmeñas, las de palma o izote, otras llamadas *manitas* y que tienen esa forma. En Cholula, estado de Puebla, se comen las llamadas *cuaresmeñas* cocidas y revueltas con huevo, se frien en aceite caliente, ya sea en una torta grande o en porciones pequeñas. Se guisan en un molito de chile pasilla, de chipotle o de guajillo. En esa ciudad conservan su nombre indígena, que es el de *tecatzin*. Los aztecas utilizaban un

potle chili sauce. In Cholula, they are still called by their old Indian name, *tecatzin*.

Mexican vegetables

The Aztecs used many kinds of vegetables: pumpkins, chokos, white pumpkins, quelites, quintoniles, mallows, chinchayotl which is the root of the choko which in the state of Veracruz is called *chayotextle* or *chayotezcle*; they used prickly-pears, crucetas, *huazontles*, which are the flowers and seeds of a kind of the *quelite*, *huitlacoches* which are corn funghi, sweet potatoes, potatoes, string beans, which are the tender pods of the bean plant, sweet corn, which is the ears of tender corn. FRAY BERNARDINO mentions sweet corn:
"They also used to eat seeds which were like fruit; one kind is called *Xilotl* which means tender, edible, cooked cobs; others are called *elotl* and are also tender cobs which have been prepared and cooked. *Exotl* means beans cooked in their pods."
He is referring to sweet corn which is tender corn on the cob. The *xilote* is the young shoot; in Europe, these are often pickled. Sweet corn can be cooked in countless ways,

PUMPKIN
(Seal)

CALABAZA
(sello)

Las verduras mexicanas

gran número de legumbres: calabazas, chayotes, chilacayotes, quelites, quintoniles, malvas o alaches, chinchayotl o sea la raíz del chayote que en el estado de Veracruz lo llaman *chayotextle* o *chayotezcle*; nopales, crucetas, huazontles, que son las flores y semillas de una variedad de quelite, huitlacoches, que son los hongos del maíz; camotes, papas, ejotes, o sea las vainas tiernas del frijol; elotes o sean las mazorcas del maíz tierno. FRAY BERNARDINO lo menciona:
"Usaban también comer unas semillas que tenían como frutas, una se llama *Xilotl*, que quiere decir mazorcas tiernas y comestibles y cocidas; otras se llaman *Elotl* y son también mazorcas tiernas, ya hechas y cocidas. *Exotl* quiere decir frijoles cocidos en sus vainas".
Se refiere a mazorcas de maíz tierno y que al cocerse se llaman elotes aunque muchas personas les dicen elotes al maíz tierno. El xilote es la mazorca cuando está apenas brotando, en Europa acostumbran hacerlas encurtidos. Los elotes tienen innumerables usos en la cocina; en sopas, souffles, en tortas saladas o dulces, así como en helado. Como más se acostumbran es asados o hervidos untados con mantequilla,

in an omelette, as a dessert or in ice-cream. The usual way is to roast or boil them and spread them with butter, salt and pepper, or with cream and grated cheese, or with lemon and powdered chili.
There is a dish of Nahuatl origin called *exquites* which is prepared as follows:

EXQUITES

sweet corn	4	cups
pulque	2	cups
sliced poblano chilis, or sliced chilacas	3	
salt and chenopodium		

Cook the sweet corn without salt in the pulque. When the liquid has almost disappeared, add the slices of chili and the

con sal y pimienta, o con crema y queso rallado, o con limón y chile en polvo. Hay un platillo de origen náhuatl llamado *exquites* que se hace de la siguiente manera:

EXQUITES

granos de maíz tierno	4	tazas
pulque	2	tazas
chiles poblanos hechos rajas, ó las llamadas chilacas hechas rajas	3	
sal		al gusto
epazote	1	rama chica

Procedimiento: Se ponen a cocer los elotes sin sal en el pulque, ya que están casi secos se les agregan las rajas de chile y el epazote y la sal.
Se cocinan hasta que sequen pero que no queden demasiado secos, se sirven sobre un plato en hojas de maíz tierno.

chenopodium. Cook until the mixture is dry, but not too dry. Serve on leaves of tender corn.
Sweet corn is very good as a garnish for pork.
The above recipe can be simplified by frying the corn in butter and seasoning it with salt and pepper.

SWEET CORN SOUP

sweet corn	2	cups
mashed and sieved tomatoes	1	cup
finely chopped onion	1/2	cup
chicken stock	6	cups
poblano chilis, toasted, deveined and sliced	2	
fresh cheese	8	slices
oil	2	dessertspoons
Salt and pepper		to taste
chenopodium or parsley	1	stalk

Son muy buenos como guarnición para la carne de puerco. Se puede simplificar esta receta, friendo simplemente los granos en mantequilla y aderezándolos con sal y pimienta.

SOPA DE ELOTE

granos de elote	2	tazas
jitomate molido y colado	1	taza
cebolla finamente rebanada	1/2	taza
caldo de pollo	6	tazas
chiles poblanos asados y desvenados y cortados en tiras	2	
queso fresco	8	rebanadas
aceite	2	cdas.
sal y pimienta		al gusto
epazote o perejil	1	rama

Sweet corn soup

Heat the oil in a pan; when it is hot, add the onion and fry until it turns yellow. Add the chili and the sweet corn and fry 5 minutes more. Then add the tomato and fry until it is well blended with the other ingredients, that is about 8 to 10 minutes. Add the stock and simmer for 5 minutes together with the chenopodium or parsley. Just before serving, add the cheese.

The recipes for using tender corn are countless and delicious. In the United States, it is tinned and its sales have reached a respectable size.

Runner beans

Exolt, or runner beans, must be eaten very tender or they lose their exquisite taste. The French like them very much and cook them in many delicious ways. One of their favourite dishes is *Haricots a la Lyonnaise*.

Sopa de elote

En una cacerola se pone el aceite, cuando está caliente se añade la cebolla y se fríe hasta acitronar, se le agregan las rajas de chile y los elotes, se fríe 5 minutos más, enseguida se incorpora el jitomate y se fríe hasta que sazone aproximadamente de 8 a 10 min. Se añade el caldo y se deja hervir 5 min. junto con el epazote o perejil, ya casi para servir se pone el queso.

Son innumerables y exquisitas las recetas en las que se pueden utilizar el maíz tierno. En los Estados Unidos de Norteamérica se enlatan y su venta alcanza cifras respetables.

Ejotes

Los *exolt*, o sean los ejotes, deben de comerse muy tiernos, pues de otra manera pierden su exquisito buen gusto; los franceses lo aprecian mucho y los guisan en forma exquisita, uno de sus platillos favoritos son los *haricots verts a la Lyonaise*, haricots verts paysane; hay dos variedades: los verdes y los amarillos, que se conocen por el nombre de ejotes mantequilla.

RUNNER BEANS WITH CREAM

tender runner beans	500	grams
sliced onion	1/2	cup
thick cream	1	cup
salt and papper		to taste

Put the runner beans cut diagonally in 2 cups of boiling water and 1/2 teaspoonful of salt. Simmer for 8 to 10 minutes, until they are cooked, but not too much so that they keep their green colour. Remove from the heat and drain.

In a pan, put 2 teaspoonfuls of butter and fry the onion until it turns yellow. Add the runner beans and fry five minutes. Add the cream, salt and pepper.

This dish is often used to accompany roast meats.

Quelites and *quintoniles* are cooked like spinach, not in water but steamed. They can be steamed and eaten with salt and

EJOTES A LA CREMA

ejotes tiernos	500	grms.
cebolla rebanada	1/2	taza
crema espesa	1	taza
sal y pimienta		al gusto

Preparación: En 2 tazas de agua hirviendo se pone 1/2 cdta. de sal y los ejotes cortados en forma diagonal, se dejan hervir de 8 a 10 min. procurando que queden cocidos pero no demasiado y que conserven su color verde, se retiran del fuego y se escurren.

En una cacerola se ponen 2 cdas. de mantequilla junto con la cebolla hasta que acitrone, se le agregan los ejotes y se frien 5 min., se le agrega la crema, sal y pimienta.

Se sirven como guarnición especialmente para carnes asadas.

lemon or fried with onion and chili. They can be used in tacos or in soups. One of my favourite dishes is the soup that they used to make at home with a recipe of my mother who was an excellent housewife and hence an expert cook.

QUELITE SOUP

quelites	1	kilo
eggs	3	
cooked ham	50	grams
fresh cheese	50	grams
oil for frying	2	-cups
good stock		
finely chopped onion	1/2	cups
finely chopped garlic	1	clove
mashed and sieved tomato	1	cup

Los quelites y los quintoniles se guisan como las espinacas, es decir sin agua, al vapor. Se comen simplemente hervidos con sal y limón o fritos con cebolla y chile picado, se hacen tacos, o en sopas. Una de mis favoritas es la sopa que guisaban en mi casa, con una receta de mi madre que era una excelente ama de casa y por ende experta cocinera.

SOPA DE QUELITES

quelites	1	kilo
huevos	3	
jamón cocido	50	gramos
queso fresco	50	gramos
buen caldo		el necesario
aceite de freir	2	tazas
cebolla finamente rebanada	1/2	taza
ajo picado muy menudo	1	diente
jitomate molido y colado	1	taza

Wash the quelites thoroughly and remove the roots and hard stalks. Steam them and make them into little balls the size of a small nut. Stuff them with small pieces of ham and cheese. Cover them with beaten egg and fry them in oil. To prepare the egg: Beat the whites until stiff and then gradually add the yolks, 1 tablespoonful of flour and salt.
In another pan, put 1 dessertspoonful of oil and fry the onion until it turns yellow; then add the garlic and finally the puréed tomato. Cook the mixture until it is well blended and reduced to half its volume. Add the stock and the little quelite balls. Serve with small pieces of toast if desired.

NOPALLI
(Prickly pear-Cod. Florentino. CXXV. 751)

PRICKLY PEAR LEAVES

Prickly pear leaves are very tasty and good for the health. They aid digestion and also help to keep down one's intake of calories. They are used in very many ways, including in *romerito* mole (romerito is a kind of rosemary). You can use

Preparación: Los quelites se cuecen al vapor, una vez que se han limpiado completamente, quitándole las raíces y los tallos duros y se hayan lavado perfectamente en agua; se hacen porciones del tamaño de una nuez de castilla, se rellenan con una rebanada pequeña de jamón y otra de queso, se meten en huevo batido y se frien en el aceite. El huevo se prepara batiendo las claras a punto de turrón y agregando 1 cda. de harina, sal y las yemas, incorporando todo esto suavemente.
En una cacerola se pone 1 cda. de aceite, se fríe en él la cebolla hasta que acitrone, enseguida el ajo y por último el jitomate molido, se deja sazonar friéndose hasta que se reduzca a la mitad, se le agrega el caldo y las tortitas de quelite, se sirve con cuadritos de pan tostado si se desea.

NOPALLI
(Nopal-Cod. Florentino, CXXV, 751)

LOS NOPALES

Los nopales son muy sabrosos y saludables, ayudan a la digestión e incluso a nivelar calorías. Se usan de muy diversas maneras, se incluyen en el mole de romeritos, se hacen ensaladas, sopas, guarniciones o se toman simplemente asados.

them in salads, soups, as an accompaniment to other dishes or on their own.

SAILORS' PRICKLY PEAR LEAVES

tender prickly pear leaves	500	grams
chopped onion	1/2	cup
corn flour	1	dessertspoon
pasilla chilis	2	
chenopodium	1	stalk
olive oil	1	dessertspoon

Wash the prickly pear leaves and cut them in strips. Put them in 2 cups of boiling water with 1/2 teaspoonful of carbonate and some of the onion and cook until done. Drain in a big colander and cover them with a cloth which has been soaked in cold water and folded in four so that they do not become sticky.

NOPALES NAVEGANTES

nopalitos tiernos	500	gramos
cebolla rebanada	1/2	taza
maicena	1	cucharada
chiles pasilla	2	
epazote	1	rama
aceite de olivo	1	cucharada

Preparación: Se cuecen los nopales, limpios y cortados en tiritas, en 2 tazas de agua hirviendo con 1/2 cdta. de carbonato y rabos de cebolla. Se escurren en una coladera grande tapándolos con una servilleta mojada en agua fría y doblada en 4 con el fin de que no se hagan viscosos.

En una cazuela se pone el aceite y se frien los chiles pasilla, se retiran, y en la misma grasa se frien la cebolla, y los nopales se espolvorean con la maicena y se le agregan cinco

Heat the oil in a pan and fry the pasilla chilis. Remove the chilis from the pan and in the same fat fry the prickly pear leaves and the onion. Sprinkle the corn flour over them and add 5 cups of water, salt and the chenopodium. If you wish, you can add dried prawns or *charales*. Sprinkle grated cheese and the fried chilis over the top and serve.

PRICKLY PEAR LEAVES WITH EGG

prickly pear leaves	1/2	kilo
oil	6	dessertspoons
beaten eggs	3	
chopped onion	1/4	cup
oregano	1/2	teas
salt		to taste

Prickly pear leaves with egg

Cook the prickly pear leaves as in the previous recipe and drain. Fry the onion in the oil and add the prickly pear

tazas de agua, sal y la rama de epazote, si se desea se les pueden poner camarones secos o charales. Se sirven espolvoreados con queso añejo y los chiles fritos.

NOPALES CON HUEVO

nopales	500	gramos
aceite	6	cucharadas
huevos batidos	3	
cebolla picada	1/4	de taza
orégano	1/4	de cucharadita
sal		al gusto

Nopales con huevo

Preparación: Se cuecen los nopales como en la receta anterior y se escurre. En una cacerola se pone el aceite, se frie la cebolla, se agregan los nopales, enseguida el huevo batido, se les agrega la sal y se fríen hasta que cuaje el huevo. Se sirven rociados con el orégano.

leaves and then the beaten egg and salt. Fry until the egg coagulates. Sprinkle the oregano over the top and serve.

THE TOMATO

Its contribution to culinary art

The tomato is one of the contributions of the Aztecs to culinary art. Basically, there are two varieties: the red, called "tomato" and the green, called the "membrane tomato" or fresadilla.

PRAWN
(Original seal)

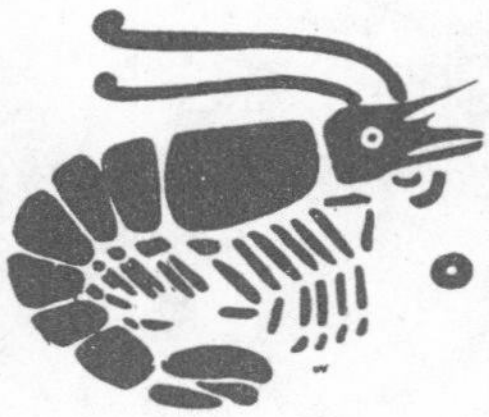

In Italy, the tomato has taken out naturalisation papers; there, it is called *pomidoro*, the golden apple. Curiously enough, the Italians do not use the round tomato which resembles an apple but the *guajillo* which is cylindrical. They use it in nearly all the sauces which accompany their delicious pasta which they inherited from the Orient: *spaghetti, ravioli, canelloni, lasagne, vermicelli, noodles* and *macaroni* and also in *pizzas* and many other dishes.
The tomato is also used very much in the U.S. Americans drink tomato juice before meals as they consider that it aids the digestion as well as being tasty and nutritious. They also

EL JITOMATE

CAMARÓN
(sello original)

El jitomate es de las aportaciones que el pueblo azteca hizo al arte culinario. De él existen fundamentalmente dos variedades: el rojo, llamado jitomate, y el verde, llamado tomate de cáscara o de fresadilla.
En Italia ha tomado carta de naturalización el jitomate, al que llaman *pomidoro*, o sea manzana de oro; curiosamente ellos no usan el jitomate redondo que es el que semeja a la manzana, sino el *guajillo*, que es de forma alargada como un calabazo. Utilizándolo en casi todas las salsas que acompañan a sus deliciosas pastas, herencia de Oriente: *spaguetti, ravioli, caneloni, lasagna, fideos, tallarines, pizza,* así como otros muchos guisados.

Aportación gastronómica

En los Estados Unidos lo usan profusamente tomándolo en jugo antes de los alimentos (pues además de considerarlo sabroso y nutritivo le atribuyen cualidades digestivas). Este jugo lo mezclan con vodka y lo llaman *Bloody Mary* en honor de la reina María Tudor de Inglaterra. También se elabora el catsup, salsa hecha a base de jitomate y en la

mix the juice with vodka and call the result a "Bloody Mary" after Queen Mary Tudor of England. They also make tomato ketchup which is now an indispensable accompaniment of seafood and avocado cocktails and also of hot-dogs and hamburgers, which are typically American.

BEANS

Beans are the seeds which are in the pods of runner beans and which are removed from them when they are dry. There are all kinds of beans —white, black, yellow, mottled, pink, mauve, big and small. There are some very big beans called *ayocotes* which are of many different colours like the beans in the story of the hen with the golden eggs. They are used in cooking with pork, sausages or sardines.

Various colours of beans

Beans form part of the staple diet of Mexicans but they have also been adopted by other countries. A famous dish from Asturias, Spain, is called *fabada*; it is made from white beans. In an article on Asturian cooking by DIONISIO PÉREZ, there is a very good recipe for fabada: "Put in a pot, one

actualidad imprescindible acompañante de los cocteles de mariscos y aguacates, así como de los *hot-dogs* y *hamburguesas*, bocados netamente norteamericanos.

FRIJOLES

Los frijoles son las semillas que están dentro de las vainas llamadas ejotes, y que se sacan de ellas cuando están secas. Hay frijoles blancos, negros, amarillos, pintos, rosados, lila, grandes y pequeños. Hay unos muy grandes llamados *ayocotes*, de muchos colores como aquellas habas del cuento de la gallina de los huevos de oro. Se guisan acompañados de carne de puerco o con longaniza o con sardinas.

Frijoles de colores

Los frijoles son alimento obligado del mexicano pero han sido adoptados por otros países. El plato típico asturiano que lleva su fama en España y fuera de ella es la *fabada*, platillo confeccionado a base de frijoles blancos. En un artículo sobre la cocina asturiana, de DIONISIO PÉREZ encontramos una receta de buen cocinero: "Póngase en un pote o marmita un kilo de judías blancas, un pedazo de

kilo of white beans, a piece of pork shoulder, (which has been salted and cured like ham), a pig's ear, an Asturian black pudding, longaniza (highly-flavoured pork sausage like salami), a piece of dried meat, a piece of bacon with ribs; simmer, removing the froth when necessary. When the beans are half-cooked, add cabbage, turnips or some potato and 100 grams of lard from smoked pork; grind with a mortar. This is the fabada of rich people. When people do not have the means to eat meat every day, they make fabada with bacon, lard, beans, cabbage and potatoes, or just with pork bones or salted, dried meat, or with black sausage or pork shoulder blade; in short, people make it with what they have."
Galician stew also has white beans in it. The Spanish call white beans *alubias* or *judías*.

lacón (paletilla de cerdo salada y curado como el jamón), una oreja de cerdo, una morcilla asturiana (de carne de cerdo), longaniza, un pedazo de cecina, otro de tocino con costillas; hágase hervir, espumando cuando sea necesario. Cuando las judías estén a medio cocer añádase repollo, berza, o nabizas y algunas patatas, 100 grms. de unto (manteca de cerdo ahumada); macháquese en mortero o almirez. Esta es la fabada de las casas ricas. Cuando la fortuna no alcanza para comer carne todos los días se suprime ésta, haciendo la fabada solo con tocino, unto, judías, berza y patatas, o bien con hueso de cerdo o cecina salada, o longaniza o lacón; en fin, cada quien con lo que puede hacer".
También el caldo gallego lleva frijoles blancos, que en España llaman *alubias* o *judías*.

BEAN CROWN

cooked and mashed beans, without a lot of liquid	1/2	kilo
pork loin or leg	500	grams
corn flour	2	dessertspoons
oil	1/2	cup
chopped onion	1/2	cup
tomato puree	1	cup
garlic, chopped	2	cloves
pickled chilpotle chilis	2	
grated cheese	1	cup
peeled and sliced avocado	1	

Fry the onion in the lard or oil until it is golden. Then add the corn flour and a ground chilpotle chili. Fry until the mixture is of a firm consistency.

CORONA DE FRIJOL

frijol cocido y molido sin mucho líquido	1/2	kilo
lomo de puerco o pierna	500	gramos
maicena	2	cucharadas
aceite	1/2	taza
cebolla picada	1/2	taza
jitomate molido y colado	1	taza
ajo picado	2	dientes
chilpotles en vinagre	2	
queso añejo	1	taza
aguacate sin piel y cortado en tiras	1	

Preparación: En una sartén se pone la manteca o aceite y la cebolla se acitrona casi a que tenga un color dorado, enseguida se agrega la maicena y luego los frijoles molidos, se

Empty into a ring-shaped mould which has been greased with hot fat. Hollow out the beans and fill up the space with the pork which has been cooked separately. Cover over the pork with the beans. Bake in a hot oven for 20 minutes. Turn out of the mould and decorate with radishes, grated cheese, slices of avocado and triangles of fried tortillas.

Bean crown

Filling:

Cook the pork in 2 cups of salted water and one carrot. Cut in little cubes. Fry the rest of the onion in 2 dessertspoonfuls of oil until it is golden. Add the meat which has been puréed with 1 chilpotle chili, the oregano and the 2 cloves of garlic. Fry until the mixture is well blended.

HERBS

Coriander

Among the herbs that the Aztecs used and which are still used in Mexican cooking, we can name chenopodium,

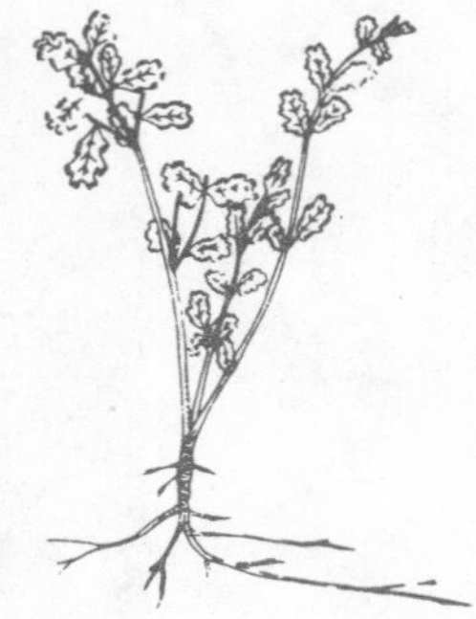

Cilantro

les pone un chile chilpotle molido y se dejan freir hasta que tengan una consistencia firme.

Se vacían en un molde de corona engrasado con manteca caliente, se hace un hueco en el centro, se rellena con la carne de puerco que se habrá guisado aparte y se cubren con el mismo frijol. Se mete 20 min. a horno caliente, se vacía y se decora con rabanitos, queso rallado y tiras de aguacate y triángulos de tortilla frita.

Corona de frijol

Relleno: Se cuece la carne de puerco en 2 tazas de agua con sal y una zanahoria. Se corta en cuadritos, se frie la cebolla restante en dos cdas. de aceite hasta que dore, se le agrega la carne y el jitomate molido con un chilpotle y una pizca de orégano y dos dientes de ajo. Se deja sazonar.

YERBAS AROMATICAS

Entre las yerbas aromáticas que usaban los aztecas y que todavía se utilizan en la comida mexicana, podemos citar el epazote, la yerba santa o acuyo, el *pápalo* quelite, el cilantro,

eriodictyon (Eriodictyon californium), *pápalo quelite*, coriander, the seeds of the arnotto (Bixa orellana L.) which is about 4 or 5 metres high and grows in the tropics, the Tabasco pepper (which is round and fat), chepicha or pipicha, an aromatic plant which is used in the states of Puebla and Oaxaca, pericón and the guaje a seed of the calabash tree (Crescentia cujete) used in small quantities for making certain kinds of mole.

Mexican condiments and spices

CHILIS

The chili is an indispensable condiment in Mexican cooking and there are more than 100 varieties. They can be eaten fresh or dried, changing their flavour, colour and name when dried. For example, dried poblano chilis are called ancho chilis; in some regions a chili similar to the poblano chili is grown but when it is dried, it becomes brown and is called a mulato chili, whereas the ancho chili is reddish; the dried cuaresmeno chili is called *chil-*

el achiote, que es la semilla del árbol de la bixacoceas, de cuatro o cinco metros de altura y que crece en el trópico; la pimienta de Tabasco o sea la pimienta redonda y gorda; la chepita o pipicha, planta aromática que se usa en los estados de Puebla y Oaxaca, el pericón, el guaje, semilla que se usa en muy pequeñas cantidades en la confección de algunos moles de olla.

Condimentos y especias mexicanos

CHILES

Condimento indispensable en la cocina mexicana es el chile, del cual existen más de 100 variedades. Se comen verdes o secos, cambiando su sabor, color y nombre al secar.

Por ejemplo, el chile poblano cuando se seca se convierte en chile ancho, también en mulato si es de ciertas regiones que producen un chile similar al poblano, cuando verde pero que al secar su color y sabor son distintos, mientras que el ancho es rojizo, el mulato es de color café, el cuaresmeño

potle; the chilaca chili is a big green chili and when dried it becomes a pasilla chili.
The most common chilis are the serrano, the guajillo, the amarillo, the chilhuacle, the chile piquin, the chile morita, the cascabel, the habanero, which comes from Yucatan and which is very hot and like a yellow plum.
Chilis are used in moles; they are stuffed with different mixtures; chilis pickled with vegetables, garlic and onion are put in sandwiches or rolls to add to their flavour.

CAPON GREEN CHILIS

Choose big, green chilis, toast them and peel them. Make a cut in the chilis below the stalks, being careful not to split them. Devein the chilis. Crumble some fresh cheese, chop some chenopodium leaves and mix with the cheese, chopping up the mixture thoroughly. Stuff the chilis with the mixture and fry them in lard. When they are well-cooked remove from the fat and drain them. Dip very thin tortillas

cuando seca se llama chilpotle, las chilacas que son unos chiles largos verdes, cuando se secan se denominan pasilla. Los chiles más usuales son el serrano, el guajillo, el amarillo, el chilhuacle, el chile piquín, el chile morita, el cascabel, el habanero nativo de Yucatán que es extremadamente picoso semeja a una ciruela amarilla. Los chiles se usan en moles, se rellenan de diferentes guisados, se hacen encurtidos acompañados de verduras, ajos y cebollas, los que al ponerlos en un emparedado o en una torta compuesta enriquecen el sabor de estos.

CHILES VERDES CAPONES

Se escogen los chiles verdes grandes, se asan y se pelan; después se les corta un poco más abajo del palito, como a la mitad del chile, de modo que no se partan en dos, y se desvenan por arriba: se desmorona queso fresco, se pican unas hojas de epazote y se revuelven con el queso triturándolos bien: se rellenan los chiles por la cabeza con el queso y se ponen a freir en manteca; cuando ya se conozca que están

in boiling hot salted butter or lard and then wrap each chili in a tortilla and place on a serving dish.

COOKED CAPON CHILIS

Prepare the chilis as in the previous recipe. Cut up some onions and fry first the chilis and then the onions. Then pour salted water over the onion and add the chilis and some chenopodium. Simmer until they are well-cooked and then serve them in the liquid, adding a little oil.

CHILLY
(chili)

RED CAPON CHILIS

Fry chopped tomato, garlic and onion in lard. When they are well-fried, pour on water and add some salt. When the mixture has boiled for a little while, add some whole ancho chilis and some pieces of hard cheese or some slices of fresh cheese. When the mixture is boiling hard, add some raw eggs and also the yolks of some hard boiled eggs and some

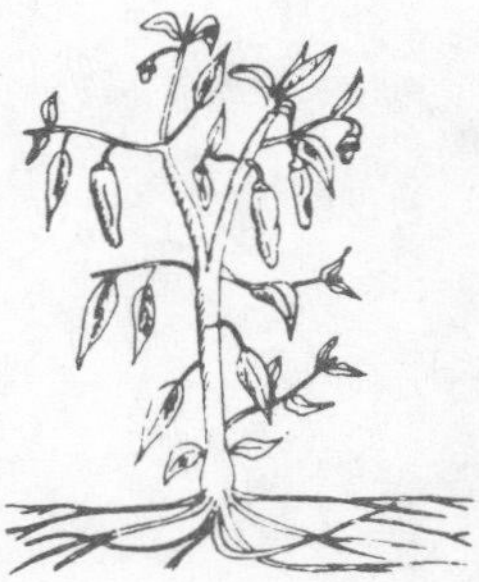

bien cocidos en ella, se sacan y se escurren; se bañan en manteca o mantequilla hirviendo y sazonada con sal, unas tortillas muy delgadas, y después se envuelve en cada tortilla un chile de los fritos y se van colocando en un platón.

CHILES CAPONES COCIDOS

Hechos los chiles como los anteriores, se rebanarán unas cebollas y después de fritos los chiles, se freirá la cebolla: después se echará agua sazonada con sal y los chiles para que se cuezan bien en aquel caldo con unas ramas de epazote; cuando estén bien cocidos se apearán y se servirán con el caldillo, echándoles un poco de aceite de comer.

CHILLI
(Chile)

CHILES COLORADOS CAPONES

Se frien en manteca jitomate picado, ajo y cebolla también picados y cuando ya esté bien frito el jitomate se echa el agua y la sal fina correspondiente; ya que haya hervido un poco, se echan unos chiles anchos enteros, trocitos de queso

chenopodium leaves. Boil a little longer; then remove from the heat and decorate with slices of fresh cheese.

THE AVOCADO

The name aguacate (avocado) comes from *Ahuaca Cuahuitl, ahuacatl* meaning testicle and *cuahuitl* meaning tree, hence: tree of testicles (see Dr. CECILIO A. ROBELO *Diccionario de Aztequizmos*).

The avocado may have been considered a sacred tree by the Aztecs and its fruits deemed to give potency to men. It is rich in vitamins, calcium, phosphorus and iron. It is oval in shape and its skin is either black or green, smooth and shining, or rough and dull. Its flesh is a yellowish green; it is greasy and soft like butter and has an exquisite flavour.

It was received in Europe with cries of joy by good cooks who have used it and go on using it in countless dishes which are the delight of the most exacting gourmets.

añejo o rebanadas de fresco, y estando hirviendo fuertemente se estrellarán en el caldillo unos huevos, agregando unas yemas duras y hojas de epazote; hervirán otro poco y se apearán, adornándolos con rebanadas de queso fresco.

EL AGUACATE

"Ahuaca Cuahuitl" Ahuacatl-testículo y Cuahuitl-árbol "árbol de testículos" DR. CECILIO A. ROBELO *Diccionario de Aztequizmos*.

El aguacate era tal vez considerado por los aztecas, árbol sagrado cuyos deliciosos frutos contribuían a dar fortaleza al hombre. Rico en vitaminas, calcio, fósforo y hierro, su forma es oval de cáscara negra o verde, lisa y brillante u opaca y áspera. Su pulpa es verde amarillenta, grasosa y suave como mantequilla y de exquisito sabor.

Por demás está decir que fue recibido por los grandes cocineros con verdadera alegría quienes lo utilizaron y utilizan en incontables platillos que hacen las delicias de los más refinados gastrónomos.

GUACAMOLE

green tomato	200	grams
avocado	500	grams
garlic	3	cloves
coriander	1	stalk
serrano chilis	2	
finely chopped onion	1	

Remove the membranes from the green tomatoes. Boil them with the chilis in a quarter of a cup of water and a pinch of carbonate. When they have boiled, grind them with the coriander on the *metate* or *molcajete* (Mexican mortars) or liquidise.
Wash the avocado, peel it and remove the stone. Grind it and mix it with the chili and onion mixture. Add salt and decorate with onion and grated cheese.

GUACAMOLE

tomate de cáscara	200	gramos
aguacate	500	gramos
ajo (optativo)	3	dientes
cilantro	1	rama
chiles serranos	2	
cebolla rebanada finamente	1	

Preparación: Se les quita a los tomates la cáscara, se hierven junto con los chiles en 1/4 de taza de agua y una pizca de carbonato, una vez hervido se muele con el cilantro en el metate, molcajete o licuadora.
El aguacate se limpia quitándole la cáscara y el hueso, se muele también, se une a la salsa anterior, se sazona con sal, se adorna con rebanadas de cebolla y queso rallado.

STUFFED AVOCADOS

avocados, preferably the big ones called *aguacali*	6	
tuna fish	1	tin
french peas	125	grams
chopped onion	1	teaspoon
sweet peppers	1	tin
washed and chopped celery	1/2	cup

Peel the avocados and remove the stones. Sprinkle salt over them and fill them with tuna fish.

Filling:
Chop the peppers finely; shred the tuna fish and mix all the ingredients together.

AGUACATES RELLENOS

aguacates grandes, de preferencia los llamados *aguacali*	6	
atún	1	lata
chícharos de cambray	125	gramos
cebolla picada	1	cdta.
chiles morrones	1	lata
apio limpio y picado	1/2	taza

Preparación: A los aguacates se les quita la cáscara y el hueso, se les pone sal y se rellenan de atún.
Relleno: Se pican finamente los pimientos, el atún se desmenuza y se revuelve con el resto de los ingredientes.

Serve the stuffed avocados on lettuce and decorate with parsley and strips of pepper.

STEWS

The stews, "cazuelas", as SAHAGÚN call them, were most varied and carefully prepared.

ATZITZICUILOTL
(Chichicuilote)

I. "The gentlemen used to eat those kinds of bread, which I have already mentioned, with many kinds of roasted and boiled chicken; one dish was a whole coated fowl; there was also a dish consisting of little pieces of coated chicken or cock with yellow chili."

The coating of the chicken is made with *mixiote*. *Mixiote* is the skin of the maguey leaf which is like impermeable, shiny paper. The dish is cooked like this: Make a hole in the ground of about one meter in diameter and 75 centimeters deep; cover the bottom with stones and make a fire on top

Se sirven sobre hojas de lechuga y se decoran con perejil y una tira de pimiento.

LAS CAZUELAS

Las cazuelas, como las llama Sahagún, eran variadísimas y cuidadosamente confeccionadas.

ATIZITZICUILOTL
(Chichicuilote)

I. "Comían los señores estas maneras de pan, ya dichas, con muchas maneras de gallinas, asadas y cocidas; unas de ellas en empanada, en que está una gallina entera; también otra manera de empanada, de pedazos de gallina, o de gallo con chile amarillo".

La empanada de gallina se hace envolviendo el ave en *mixiote*. *Mixiote* es la piel de la penca del maguey, es como un papel impermeable y encerado. La cocción se hace de la siguiente manera: se excava un hoyo de un metro de diámetro, aproximadamente, por unos 75 centímetros de

Produce from the soil

of these which must be kept burning for two or three hours. Then remove the embers and place an earthenware pot on the stones. Place clean, dry pieces of wood across the top of the pot and maguey leaves around it. On the pieces of wood, put the meat or the pieces of meat covered with *mixiote*. The meat must be seasoned first with chili, garlic and salt. Then over the meat, place more maguey leaves, one on top of the other, to form a hermetic cover. Over the leaves, put some earth and then light a fire on the earth. Cook the meat for three or four hours according to the quantity of meat.

The juice from the meat will collect in the pot underneath; this consommé is served in little clay cups with onion and finely chopped serrano, chili, coriander, if desired, and lemon juice to taste.

II. "They used to eat chicken cooked in other ways. They also ate another kind of dish which was quails."

Comida que sale de la tierra

profundidad; el fondo se cubre con piedras y encima de éstas se prende una hoguera, que se mantiene viva por espacio de 2 ó 3 horas. Después de transcurrido este tiempo se sacan las brasas. Sobre la piedra se pone una cazuela, se cubre con tablas secas y limpias, destinadas exclusivamente a este objeto; se rodea la cazuela de pencas de maguey y sobre las tablas se coloca la carne o las empanadas de mixiote. La carne se habrá condimentado previamente con ajos, chile y sal suficiente, pues si esta es escasa quedará insípida. Se van cruzando las pencas del maguey, unas sobre otras, cuidando que formen una capa hermética; se tapa con tierra y se le pone lumbre encima. Se deja cocer por espacio de tres a cuatro horas, según la cantidad de carne que se haya puesto en el horno. En la cazuela va cayendo el jugo de la carne, al cual llaman *consomé*. Este se sirve en tazones de barro con cebolla y chile serrano, picado finamente, cilantro si se desea y jugo de limón al gusto.

II. "Otras maneras de gallina asada comían. También otra manera de asado, que eran codornices".

"Concerning birds", Dr. DÁVALOS HURTADO tells us, "besides the turkey and, perhaps, certain species of pheasant the *coxolitli* and *tepatotolt*, certain pigeons and quails that were used domestically, the other birds that they ate were lake birds or lived in comparatively distant woods or forests."

SAHAGÚN goes on to say:

III. "There are kinds of ducks called *concanauhtli*: they are fairly big, quite low to the ground, with feet of an ashen colour; they have a wide beak and wide feet; they live on lakes. They make their nests among the bullrushes and there they lay their eggs and hatch them and produce their little ones. This is the biggest of all the ducks."

Edible birds

And he goes on to give a long list of ducks, adding: "...all these birds I have mentioned can be eaten."

DUCK
(Cod. Florentino, LXXXV, 182)

"Respecto a las aves —nos dice el Dr. DÁVALOS HURTADO— además del pavo y, tal vez, una especie de faisán, el coxolitly y tepatototl, ciertas palomas y codornices que criaban en la domesticidad; el resto de las aves que utilizaban como alimento eran huéspedes de los lagos, o habitaban en bosques o selvas más o menos lejanos."

Sigue diciendo SAHAGÚN:

III. "Hay una manera de patos, llamados *concanauhtli*: son grandecillos, bajuelos, de pies de color ceniciento; tienen el pico ancho y las patas anchas; críanse en las lagunas. Entre espaldañas hacen sus nidos y ahí ponen sus huevos y los empollan y sacan a sus hijos. Este es el mayor de todos los patos."

PATO
(Cod. Florentino, LXXXV, 182)

Y nos sigue enumerando una larga lista de patos, agregando: "...todas estas aves, ya dichas, son de comer".

Las aves comestibles

Duck, as is well-known by gastronomes, is one of the most enjoyable meats. French cusine presents with pride its Canard à l'Orange (Duck with Orange). *Concanauhtli*, cooked with sour plums, prepared by expert cooks for the Aztec Emperor, must have been a delicious dish, worthy of sybaritic princes.

MOLES

> IV. "They also used to eat kinds of stews of chilis: one kind of stew was made with yellow chilis, another kind was *chilmolli*, made with *chiltepitl* and tomatoes; another kind of *chilmolli* was made of yellow chili and tomatoes."

Of the varieties of mole

Moles hold a pre-eminent place in Mexican cooking. There are many varieties of mole; for turkey mole alone there are at least ten versions. The most famous of all the moles is mole poblano which is a perfect specimen of Mexican cooking; a real gastronomic mixture, for chilis, chocolate and

El pato, como es sabido entre los gastrónomos, es una de las carnes más apreciadas. La cocina francesa presenta con orgullo su Canard al Orange (pato a la naranja). El *concanauhtli*, guisado con ciruelas agrias, preparado por expertos cocineros, para el emperador azteca, debe de haber sido un plato delicioso, digno de príncipes y sibaritas.

MOLES

> IV. "Comían también maneras de potajes de chiles: una manera hecho de chile amarillo; otra manera de *chilmolli*, hecho de *chiltepitl* y tomates; otra manera del chilmolli, hecho de chile amarillo y tomates".

De las variedades del mole

Los moles ocupan un lugar predominante en la cocina mexicana. Existe una gran variedad de ellos, ya que del mole de guajolote hay por lo menos diez versiones. El más famoso de todos es el mole poblano considerado como platillo representativo de la cocina mexicana; verdadero

tomato, of Mexican origin, are mixed with almonds, raisins and garlic, brought by the Spanish to Mexico and of Arab origin, and with pepper, cinnamon and cloves which are spices from the Orient. Bread and tortilla are also ingredients of mole; and all these ingredients make a delicious sauce which is unique. Perhaps it is somewhat similar to the Chinese dish called Lacquered Duck. There are moles of various colours: green, black, yellow, red, according to the ingredients used. In the book on Puebla cooking, published in Puebla in 1877, we find recipes for making 44 kinds of mole; there are also 16 different kinds of *manchamanteles* (tablecloth stainers) which are dishes with different kinds of chilis.

Different colours of mole

It can be said that in each state of the Republic of Mexico, there is a different version of this tasty dish.

mestizaje gastronómico, ya que en él se mezclan los chiles, el chocolate y el jitomate, de origen mexicano, con la almendra, las pasas y el ajo traídos por los españoles y de ascendencia árabe, así como la pimienta, la canela y el clavo, especias nativas de Oriente. También se mezclan en el mole el pan y la tortilla, obteniéndose con todo esto una deliciosa salsa, diferente de todas las demás. Tal vez parecida a la del platillo chino llamado Pato Laqueado. Hay moles de distintos colores: verde, negro, amarillo, rojo, según los ingredientes empleados. En el libro de La Cocina Poblana, editado en Puebla en 1877, encontramos recetas para hacer 44 clases de moles; también 16 formas diferentes de *manchamanteles*, que son guisados con chiles de diferentes clases.

Diferentes colores del mole

Se puede decir que en cada Estado de la República Mexicana tienen una versión diferente de este rico platillo.

POT RED MOLE

water	2	litres
beef	1	kilo
ancho, mulato, pasilla, chilpotle or dry serrano chili	75	grams
toasted, mashed and sieved		
tomatoes	2	
garlic	5	cloves
salt to taste		
coriander or chenopodium	2	stalks
small, tender, cooked pumpkins	250	grams
cooked, sliced chokos	250	grams
corn cobs, cut in circles and cooked	3	
cooked runner beans	250	grams

Boil the meat and when it is half-cooked, after about 40 minutes, add some salt. Fry the garlic until golden in 2 des-

MOLE DE OLLA COLORADO

agua	2	litros
carne de res	1	kilo
Chile ancho o mulato o pasilla o chilpotle o serrano seco	75	gramos
jitomates asados, molidos y colorados	2	
ajo	5	dientes
sal		al gusto
cilantro o epazote	2	ramas
calabacitas tiernas y cocidas	250	gramos
chayotes cocidos, cortados en cubos	250	gramos
elotes cortados en ruedas y cocidos	3	
ejotes limpios y cocidos	250	gramos

Se pone a cocer la carne y a media cocción se le agrega la sal, esto es aproximadamente a los 40 min. Se deja cocer.

sertspoonfuls of oil. Toast the chilis on a comal which is not too hot, devein them and remove the seeds. Grind them with the garlic and tomato. Fry this sauce in 1 dessertspoonful of oil for 5 to 8 minutes. Add it to the cooked meat of which the liquid will have boiled down to half its original quantity. Add the cooked vegetables with the vegetable water. Season and add the coriander or chenopodium and let it boil for 5 minutes more. Serve hot. You can use pork or chicken in this recipe if you wish.

Se frien los ajos en 2 cucharadas de aceite a que doren, los chiles se desvenan y se les quita las semillas y se tuestan, en un comal que no esté demasiado caliente. Se muelen con los ajos y el jitomate, se fríe esta salsa en 1 cucharada de aceite durante cinco u ocho min. Se agrega al cocido cuyo caldo estará reducido a la mitad, se le agrega la verdura cocida junto con su jugo, se sazona y se le agrega la rama de cilantro o epazote y se deja hervir durante cinco min. Se sirve caliente. Se puede usar carne de puerco o de pollo si se desea.

POT GREEN MOLE

water	2	litres
chopped beef	1	kilo
green tomatoes	1	kilo
green serrano chilis	3	
medium onion	1	
garlic	3	cloves
small, tender, cooked pumpkins	250	grams
tender, cooked runner beans	250	grams
chopped, cooked chokos	250	grams
oil for frying	2	dessertspoons
salt		to taste
coriander	2	stalks

Boil the meat and when it is half-cooked add some salt. Remove the membrane from the green tomatoes, wash

MOLE DE OLLA VERDE

agua	2	litros
carne de res cortada en trozos	1	kilo
tomates verdes	1	kilo
chiles verdes serranos	3	
cebolla mediana	1	
ajo	3	dientes
calabacitas tiernas cocidas	250	gramos
ejotes tiernos cocidos	250	gramos
chayotes cocidos y cortados en cubos	250	gramos
aceite para freir	2	cdas.
sal		al gusto
cilantro	2	ramas

Procedimiento: Se pone a cocer, con el agua, y a medio cocimiento se agrega la sal.

them and boil them with the serrano chilis. Put in more chilis, if you want a hotter flavour.
Fry the garlic and onion until golden in 2 spoonfuls of oil. Then grind them with the green tomatoes, the chili and 1 stalk of coriander. Fry this sauce in 1 dessertspoonful of lard for 5 minutes and then add it to the cooked meat of which the liquid will have boiled down to half its original quantity. Add the cooked vegetables and 1 stalk of coriander if desired. Simmer for 5 to 8 minutes. Serve hot with lemon juice, if desired. You can use pork or chicken in this recipe if you wish.

LOBSTER
(Cod. Florentino, LXXXV, 196)

V. "They also used to eat fish in earthenware pots; one kind of fish was white and cooked with yellow chili and tomatoes; another kind of fish was dark and cooked with bermejo chili, tomatoes and with ground pumpkin seeds, which are good to eat."

In the Lake of Patzcuaro, there are white fish with a very fine flesh and of exquiste flavour. Probably this species also

A los tomates se les quita la cáscara exterior, se lavan y se ponen a cocer con los chiles serranos, si se desea más picoso se le agregan más chiles.
Se frien en dos cucharadas de aceite el ajo y la cebolla a que acitronen. Se muelen junto con los tomates y los chiles y una rama de cilantro. Se fríe esta salsa en una cucharada de manteca por espacio de 5 min. Se le agrega a la carne cocida. El caldo estará reducido a la mitad; se añaden las verduras cocidas y una rama de cilantro si se desea, se deja hervir de cinco a ocho min. Se sirve caliente con jugo de limón si se desea. Se puede usar carne de puerco o pollo.

LANGOSTA
(Cod. Florentino LXXXV, 196)

V. "Usaban también comer peces en cazuelas; una de peces blancos, hechos con chile amarillo y tomates; otra cazuela de peces pardos hechos con chile bermejo y tomates y con pepitas de calabaza molidas, que son buenas de comer".

En el lago de Pátzcuaro hay unos peces blancos de carne muy fina y sabor exquisito. Probablemente existía también

Pipians and fish

existed in the big lake of Tenochtitlan, or perhaps they were brought in relays from Patzcuaro for the table of the emperor. The sauce of pumpkin seeds and *bermejo* chili is used for various meats and vegetables. This sauce has not changed and is used just the same as it was then. It is called *pipian* and there are two kinds: the green and the red. In some states of the Republic, sesame seed is added.

RED PIPIAN

chickens, cut in parts	2	
pumpkin seeds without shell	250	grams
toasted garlic cloves	10	medium sized
ancho chilis, deveined and seeded	6	
mulato chilis, deveined and seeded	6	
salt and pepper		to taste

esta especie en el gran lago de Tenochtitlan, o tal vez eran traídos a base de relevos desde Pátzcuaro para la mesa del emperador.

Pipianes y peces

La salsa de pepitas y chile bermejo se utiliza en diferentes carnes o verduras. Esta salsa ha conservado su pureza y se sigue usando lo mismo que entonces. Se llama *pipian* y hay dos tipos: el verde y el rojo. En algunos Estados de la República le agregan ajonjolí.

PIPIAN ROJO

pollos cortados en raciones	2	
pepita de calabaza sin cáscara	250	gramos
ajo asado	10	dientes med.
chiles anchos sin venas y sin semillas	6	
chiles mulatos sin venas y sin semillas	6	
sal y pimienta		al gusto

Cook the chicken parts in 6 cups of hot water with salt, pepper, half an onion and a carrot in a covered pan or pot over a low flame for 15 minutes.

Heat 3 dessertspoonfuls of oil in a frying pan and add the pumpkin seeds. Cover the pan because the seeds jump. Stir the seeds from time to time so that they do not burn, taking care to move the lid as little as possible. The seeds must be swollen and of a golden colour.
Remove the seeds from the pan. Slice the rest of the onion and fry in the same fat. Toast the chilis on a clay or iron comal over a low flame, turning them from time to time so that they are equally browned on all sides and parts do not get burnt or remain raw. Alternatively, they may be browned in the oven for 10 or 15 minutes at 175°C.

Liquidise the chilis together with all the other ingredients and a cup of stock in the electric blender. Fry this sauce in a clay pot wit 3 dessertspoonfuls of oil for 10 minutes.

Preparación: Se cuece el pollo en 6 tazas de agua caliente con sal, pimienta, media cebolla y una zanahoria, en una olla o cacerola tapada a fuego lento durante 15 min.

Se pone en el fuego una sartén con tres cucharadas de aceite, se vacían en él las pepitas, se cubre con una tapadera para evitar que las pepitas salten. De vez en cuando se mueven con una cuchara para que no se quemen, procurando no destapar la sartén demasiado al efectuar esta operación. Las pepitas deben de quedar infladas y de color dorado. Se sacan de la sartén y en la misma grasa se fríe la cebolla restante, rebanada.
Los chiles se pueden dorar sobre lumbre suave en un comal de barro o de fierro volteándolos para que se tuesten al parejo y no se quemen y queden crudos; también se pueden tostar en horno a 175°C. de 10 a 15 minutos.

Se muelen los chiles con todos los ingredientes en la licuadora agregando una taza de caldo. Esta salsa se fríe en cazuela de barro en 3 cucharadas de aceite 10 min., se le agrega 4 tazas de caldo, sal y el pollo cocinándose 10 min. más.

Add 4 cups of stock, salt and the chicken and cook for another 10 minutes.

> VI. "They would eat another kind of stew, of frogs, with green chili; they would also eat a stew of those fish called *axolotl*, with yellow chili; they also ate kinds of tadpoles with *chiltecpitl*."

Aztec dishes and international dishes

Nowadays, frog's legs are a luxury food, served in the best restaurants of big cities, principally in France. *Axolotl*, now called *ajolote*, is a kind of frog.

FROGS' LEGS

FROG
(Seal found in Teotihuacan)

Cut the feet away from the legs. Soak for one hour in water and milk (for every litre of water, 1/4 litre of milk). Then drain them, dry with a cloth and marinate for another hour in a little fine oil, lemon juice, chopped parsley, crushed

> VI. "Otra manera de cazuela comen, de ranas, con chile verde; otra manera de cazuela de aquellos peces que se llaman *axolotl*, con chile amarillo; comían también una manera de renacuajos con *chiltecpitl*".

En la actualidad, las ancas de ranas están consideradas como *bocado de rey*, sirviéndose en los mejores restaurantes de las grandes ciudades, principalmente en los de la República Francesa. El *axolotl*, ajolote, como se llama actualmente, es una variedad de rana.

RANA
(sello encontrado en Teotihuacan)

ANCAS DE RANA

Comida azteca y comida internacional

Manera de prepararlas: Se cortan las manos de las ancas, se ponen a remojar por espacio de una hora con agua y leche: por cada litro de agua, un vaso de leche de 1/4 de litro. Después de pasado este tiempo se escurren, se sacan con un trapo y se ponen a marinar durante otra hora con un poco de aceite fino, zumo de limón, perejil picado, ajo

garlic, salt and white pepper. Cover in flour, dip in beaten egg and fry in good oil. Serve with salad and mayonnaise or sauce vinaigrette.

> VII."They also ate a kind of little red fish cooked with *chiltecpitl*; there was also a stew of ants cooked with *chiltecpitl*."

These ants are eaten in the state of Hidalgo; they are called *fijas* and are only eaten in the month of May.
On the outskirts of the City of Mexico, in the little lakes, tiny little shrimps are found; they are called *alcociles*, As for the ants, apart from those mentioned above, in Taxco, Guerrero, insects called *jumiles* which live in a kind of oak are ground with *serrano* chili and tomato and used as a sauce for *tacos* of crackling or *carnitas*. The people of Taxco believe that those who eat *jumiles* will never leave Taxco.

machacado, sal y pimienta blanca. Se secan con un trapo seco y enseguida se cocinan. Se envuelven en harina y se pasan por huevo batido, se frien en buen aceite y se sirven acompañadas de ensalada y salsa mayonesa o vinagreta.

> VII. "Comían también una manera de pececillos colorados, hechos con *chiltecpitl*; también otra cazuela de hormigas aludas hechas con chiltecpitl".

Estas hormigas se comen en el Estado de Hidalgo, se llaman *Xiges* y sólo se encuentran durante el mes de mayo.
En los alrededores de la Ciudad de México, en los pequeños lagos, se pescan unos camarones pequeñísimos a los que se les da el nombre de *alcociles*. En cuanto a las hormigas aludas, además de las ya mencionadas, en Taxco, Guerrero, se comen unos insectos del encino, a los que llaman *jumiles*, los que muelen en una salsa de chile serrano y jitomate. Salsa que sirve para aderezar los tacos de chicharrón o carnitas. Las personas nativas de esta ciudad, tienen la creencia que los que comen jumiles jamás abandonan Taxco.

VIII. "They also used to eat a lobster stew which is very delicious; they also ate worms from the maguey with *chiltecpitl molli*; there was also a stew of prawns made with *chiltecpitl* and tomatoes and a few fround pumpkin seeds."

Delicacies

The lobsters were doubtless brought from the Gulf of Mexico and they could have been those delicious little lobsters which we still savour with real pleasure, and which are one of the varieties of seafood which are most appreciated for their exquisite flavour.

SHELL
(Symbol of birth-Cod. Bologna, 4)

Mexicans, particularly those of Central Mexico, find maguey worms very much to their taste. They are fried in butter until they turn golden. They are eaten also as snacks or in *tacos* with sauce and *guacamole*. They are nearly always found to be an acceptable food by persons of refined taste, once they have dared to taste them. Nowadays, they are tinned and sold at a high price.

VIII. "Comían también una cazuela de unas langostas y es muy sabrosa comida; también comían unos gusanos del maguey, con *chiltecpitl molli*; también otra cazuela de camarones, hecha con *chiltecpitl* y tomates y algunas pepitas de calabaza molidas."

EL CARACOL
(signo del nacimiento-Cod. Bologna, 4)

Las langostas, eran sin duda traídas desde el Golfo y cabe pensar que pudieran ser los sabrosos langostinos que aún saboreamos con verdadero placer, y que son una de las variedades de mariscos de carne muy apreciada por su exquisito sabor.

De los manjares exquisitos

Los gusanos de maguey son verdaderamente deliciosos para el gusto mexicano, sobre todo en el centro de la República. Se guisan friéndolos en manteca hasta que quedan dorados. Se comen solos, como bocadillos, o en tacos, con salsa y guacamole. Casi siempre son bien aceptados por personas de gusto refinado, siempre y cuando se atrevan a probarlos. En nuestros días se enlatan, vendiéndolos a precio elevado.

PRAWN STEW OR CHILPACHOLE VERACRUZ STYLE

fresh prawns	1 kilo
dried prawns	6
ancho chilis	2
chilpotle chilis	1
stalk of chenopodium	1
toasted garlic cloves	10
small sliced onion	1
oil	1/3 cup
big tomato	1

Wash the fresh prawns and devein them. Wash the dried prawns, toast them in a pan over a low flame and then grind them. Devein and toast the chilis. Grill the tomato thoroughly so that it is not raw. Fry the onion until it turns

CAZUELA DE CAMARONES O CHILPACHOLE VERACRUZANO

camarones frescos	1 kilo
camarones secos	6
chiles anchos	2
chile seco chilpotle o chilpocle	1
epazote	1 rama grande
ajo asado	10 dientes
cebolla chica rebanada	1
aceite	1/3 de taza
jitomate grande	1

Manera de hacerse: Se limpian los camarones, se les quita la vena, los camarones secos se limpian, se tuestan en un sartén a lumbre suave y se muelen. Los chiles se desvenan y se tuestan, el jitomate se asa muy bien a que no quede

golden. Grind the chili, onion and tomato together and fry them in the oil. Add the dried, ground prawns and 2 cups of water, the chenopodium and the fresh prawns. Bring to the boil and simmer for 20 minutes until the prawns are well-cooked.

FRAY BERNARDINO goes on to give us details of many stews, in particular bringing to our attention the following:

"They used to eat another stew, made with unripe plums, with little white fish, yellow chilis and tomatoes."

The plums Fray Bernardino refers to are plums with a big, long stone, sour and yellow or red in colour, some being green; the little fish called *charales* can be bought in the market; sometimes they are sold in corn leaves as *tamales*, having been grilled over a wood fire. They are also dried and used in various dishes.

FISH
(Seal found in Michoacan)

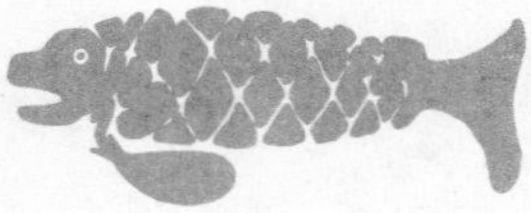

PEZ
(sello encontrado en Michoacán)

crudo, la cebolla se fríe hasta que dore ligeramente. Todo esto se muele perfectamente y se fríe en el aceite, se le agrega el camarón molido y dos tazas de agua, el epazote y los camarones crudos, se deja hervir 20 minutos hasta que los camarones queden bien cocidos.

Sigue FRAY BERNARDINO dándonos datos de muchas cazuelas, llamándonos particularmente la atención la siguiente: "Otra cazuela comían, hecha con ciruelas no maduras, con unos pececillos blanquecillos y con chile amarillo y tomates". Las ciruelas a que hace referencia Fray Bernardino son unas ciruelas de hueso alargado y grande, ácidas, de color amarillo o rojo, algunas son verdes; los peces pequeños, que se llaman *charales*, todavía se pueden adquirir en los mercados; los venden en hojas de maíz como tamales. Estos han sido asados en brasas de leña, también los secan y los usan en diversos guisados.

Tamales de pescado

CHICKPEAS WITH CHARALES

chickpeas	1/2	kilo
charales (small white fish from Michoacan)	100	grams
tomatoes	1/2	kilo
finely chopped onion	1/2	cup
garlic	4	cloves
oil	4	dessertspoons

Boil the chickpeas with sufficient water to cover them and 1 teaspoonful of carbonate for 15 minutes. Allow them to cool and remove the skins. In the oil or lard fry the garlic, then the onion until it turns golden. Finally add the puréed tomato and fry the mixture until it is reduced to half its original quantity. Add the chickpeas and 2 cups of water. Bring to the boil and simmer for 45 minutes. Add the

ARVEJONES CON CHARALES

arvejones	1/2	kilo
charales	100	gramos
jitomate	1/2	kilo
cebolla picada finamente	1/2	taza
ajo	4	dientes
aceite	4	cucharadas

Procedimiento: Se hierven los arvejones con agua suficiente a que los cubra con 1/2 cdta. de carbonato por espacio de 15 minutos, se dejan enfriar y se les quita el ollejo. En el aceite o manteca se fríe el ajo, enseguida la cebolla a que dore ligeramente, por último se pone el jitomate molido y colado y se deja freir hasta que se reduzca a la mitad, se agregan los arvejones así como dos tazas de agua y se dejan hervir suavemente durante 45 min. Se les agregan los

Xilonen
(Cod. Magliobecchi, 24)

charales which have been washed, had their heads removed and been fried until golden in oil. This dish is eaten with green sauce or with pickled chilis.

Xilonen
(Cod. Magliobecchi, 24)

charales, estos se habrán lavado perfectamente y quitado la cabeza y se habrán dorado en aceite.
Se toman con salsa verde o con chiles en vinagre.

FRUITS

We can still find in our markets the fruits that the Aztecs used to eat. FRAY BERNARDINO says:
"The gentlemen also used to eat many kinds of fruits; one of them is called *tzapotl*, which is red inside and dark and rough outside. They also used to eat another kind of fruit rather like yellow plums, and also a kind of plum that is red or orange.
"They also used to eat many kinds of *tzapotl*, ones which are ash-coloured outside and have inside pips like beans and the rest is like blancmange and very tasty; there is another kind of *tzapotl* which are small or like wild pears."

Exotic fruits

The fruit which is red inside and dark outside to which the illustrious friar refers, is called *mamey*. It can be eaten alone, in ices or in various sweets. The custard apple, the anona and the soursop are the fruits with "pips like beans" and flesh like "blancmange". They have delicious flavours, especially the soursop which has an exquisite perfume. The

FRUTAS

Todavía encontramos en nuestros mercados las frutas que solían comer los aztecas. FRAY BERNARDINO dice:
"Usaban también los señores comer muchas maneras de frutas: una de ellas se llama *Tzapotl*, colorada por dentro y por fuera pardilla y áspera. Otra manera de frutas, que son como ciruelas amarillas, y otras maneras de ciruelas que son bermejas o anaranjadas.
"Usaban también comer muchas maneras de *Tzapotl*, unos que son cenizos por fuera, o anones, y tienen dentro unas pepitas como de frijoles y los demás es como manjar blanco y es muy sabroso; otra manera de *Tzapotl* pequeños o peruetanos".

De las frutas exóticas

La fruta colorada por dentro y pardilla por fuera, a que se refiere tan ilustre fraile, se llama mamey, se puede comer sola o en helado y en diversos dulces. La chirimoya, la anona y la guanábana son las frutas de "pepitas como frijoles" y pulpa como "manjar blanco". Su sabor es delicioso, sobre todo el de la guanábana la cual tiene un

soursop is principally used as a flavouring for soft drinks, water ices and ice-creams. Dr. DAVALOS HURTADO was of the opinion that they might have come from the Caribbean.

There is a large variety of sapotas; the black, the white, the yellow, the *domingo* and the *chicozapote*. The latter is small, with a rough skin like that of the mamey although thicker than the mamey. Its colour inside is similar to that of the mamey although it has a light cinammon colour near the surface. Its pips are black and shiny. FRAY BERNARDINO is no doubt referring to this sapota when he says they are like wild pears. They also ate pineapples, guavas, chokecherries, *tejocotes* (fruits of Crataegus pubescens), bayberries, plums, *nanches, jobos,* Cereus cactus fruits, white, yellow and red prickly pears, *jarambullos,* blackberries which were used in custards and *tamales,* tamarinds (although perhaps they were brought to Mexico by the Spanish as they were originally from Asia) and peanuts.

MAGUEY

perfume exquisito, esta última se usa en refresco y nieve o helados principalmente. El Dr. DAVALOS HURTADO opinaba que tal vez procede del Caribe.

Hay una gran variedad de zapotes: el negro, el blanco, el amarillo, el domingo, el chicozapote; este zapote es pequeño de cáscara áspera como la del mamey aunque un poco más delgada, y por dentro su color es parecido al del mamey aunque con color canela claro a las orillas, sus semillas son negras y lustrosas. A este zapote se refiere sin duda FRAY BERNARDINO, al decir peruetanos; comían piñas, guayabas, capulines, tejocotes, arrayanes, ciruelas, nanches, jobo, pitahaya, tunas blancas, amarillas y rojas, garambullos, zarzamora la que utilizaban en atoles y tamales, tamarindo, aunque tal vez fue sembrado aquí por los españoles, ya que su procedencia es asiática; cacahuates, los cuales han sido hábilmente aprovechados por los Estados Unidos, ya que los usan en innumerables formas, fritos, cubiertos, ya sea con chocolate o con pasta de sal, en caramelos, y los utilizan sobre todo molidos, dándole el nombre de mantequilla de cacahuate a la pasta obtenida.

MAGUEY

Peanuts have been used in many skilful ways in the United States: fried, covered in chocolate or salt, in toffees and above all ground up to make peanut butter. Americans always include them in their diet, as they consider them most nutritious.

"There are other *tzapotes* which are yellow outside and inside like the yolks of hardboiled eggs; another fruit is called *quauhcamotli* and they are the roots of trees; camotli is a certain root which is called *batata*."

Edible tubers

Camotli are sweet potatoes. They are used for making desserts and jams and to accompany meats and poultry. In the city of Puebla, they make the famous *Puebla Sweet Potatoes,* a delicacy of cooked sweet potatoes with fruits, either guava, coconut, orange or pineapple. The sweet potatoes and fruit are cooked with sugar and then moulded into the shape of cigars. These are covered with a sugar glaze. When the glaze has hardened, they are wrapped in greaseproof paper. There are also crystallised sweet potatoes decorated with flowers or with doves of icing sugar. They bear the

Los incluyen siempre en sus dietas por considerarlos altamente nutritivos.

"Otros tzapotes hay amarillos por fuera y por dentro son como yemas de huevo cocido; otra fruta se llama *quauhcamotli* y son raíces de árboles; *camotli* es una cierta raíz que se llama batata".

De los tubérculos comestibles

Camote se llama en México a este tubérculo, y con el se hacen postres y confituras así como guarniciones para carnes y aves. En la Ciudad de Puebla elaboran los famosos *camotes poblanos,* a base de camote cocido mezclado con frutas, ya sea guayaba, coco, naranja, piña y azúcar, cocinándolos hasta obtener el punto deseado; se les da forma de un puro y se cubren con betún ligero de azúcar, una vez secos se envuelven en papel encerado. Hay los camotes de lujo o sean los cristalizados, adornados con flores y con palomitas hechas con azúcar glass. Llevan los nombres de las personas a las que van destinadas y constituyen verdaderas obras de arte de confitería, además de ser agradables a la vista lo son al paladar.

names of the people who will receive them and they constitute real works of confectionery art. Besides being pleasant to look at, they are pleasant to the palate.

SWEET POTATO AND GUAVA DESSERT

cooked and mashed purple sweet potato	1	kilo
mashed and sieved guava	1/2	kilo
granulated sugar	1 1/2	cups
whipped cream	1	cup

Put the sugar in sufficient water to damp it all and boil the mixture until it forms hard balls. Add the guava and the sweet potato and boil for 20 minutes. Leave to cool and then stir in the whipped cream. Serve in champagne glasses and decorate with whipped cream if desired.

POSTRE DE CAMOTE Y GUAYABA

camote morado cocido y pasado por el prensa papas	1	kilo
guayaba molida y colada	1/2	kilo
azúcar granulada	1 1/2	taza
crema batida	1	taza

Preparación: En una cacerola se coloca el azúcar con agua suficiente para mojarla, se pone al fuego y se deja hervir hasta que tome punto de bola dura, se le agrega la guayaba y el camote y se deja hervir por espacio de 20 min. Se deja enfriar y se revuelve con la crema batida, se sirve en copas para champagne y se decora con crema batida si se desea.

SAPOTA JELLY

hot water	2	cups
sapota puree	1	cup
juices of orange	3/4	cup
cinnamon	1	stick
ground cloves	1	pinch
sugar	1	cup
strawberries	1/2	cup
liquidised strawberries	1/2	cup
whites of egg	2	
gelatin soaked in one third part of cold water	2	dessertspoons
sweet sherry or Manzanilla	2	dessertspoons

Wash the sapota, remove the stone and sieve. Boil the water with the sugar, cinnamon and powdered cloves. Remove from the flame and stir in the gelatin, then the

GELATINA DE ZAPOTE

agua caliente	2	tazas
puré de zapote	1	taza
jugo de naranja	3/4	de taza
canela	1	raja
pisca de clavos molidos	1	
azúcar	1	taza
fresas, licuadas	1	taza
claras de huevo	2	
grenetina remojada en un tercio de agua fría	2	cucharadas
jerez dulce o manzanilla	2	cucharadas

Procedimiento: Se limpia el zapote, se deshuesa y pasa por un colador, se pone a hervir el agua con el azúcar, la canela y el clavo, se retira del fuego y se revuelve la grenetina, enseguida el zapote, el vino y el jugo de naranja, se vacían en un molde de rosca y se deja enfriar.

sapota, the sherry and the orange juice. Pour into a ring mould and cool.
Beat the whites of the eggs with the sugar and strawberries until it is frothy. Decorate the jelly with this meringue mixture.

ATOLES

"They also used to eat many kinds of puddings or porridges; one of these was called *totonquiatulli,* porridge or warm *atole*; there was *nacuatolli,* which was atole with honey; *chine cuahalli,* which was *atole* made with yellow chili and honey; *guanexatolli,* and *atole* made with very thick, white flour seasoned with saltpetre."
Atole is a hot or cold drink like a kind of custard. It is prepared by diluting corn duogh in hot, sweet water. The mixture is brought to the boil and gently simmered until it thickens and is well-cooked. It should be of the consistency of a thin sauce.

Las claras se baten junto con el azúcar y las fresas hasta que esponjen, con este merengue se decora la gelatina.

ATOLES

"Usaban también comer muchas maneras de puchas o mazamorras; una de ellas se llamaba *totonquiatulli*, mazamorra o atole caliente; *necuatolli*, atole con miel; *chinecualalli*, atole hecho con chile amarillo y miel; *guanexatolli*, atole hecho con harina, muy espeso, muy blanco, condimentado con *tequisquitl*."
El atole es una bebida que se toma caliente o fría. Se prepara diluyendo masa de maíz en agua endulzada y caliente, que se pone a hervir suavemente, hasta que espese y se cueza bien, debe de quedar con consistencia de una salsa muy ligera.
La masa es de nixtamal muy bien lavado, aunque también se hace de maicena o de harina de arroz. Al atole de masa

The dough used is made from well-washed *nixtamal*, although you can use corn flour or rice flour. Dough *atole* flavoured with chocolate or cocoa is called *champurrado*. You can also mix pureed fruits, such as pineapple, strawberry, quince, plum and apricot, with *atole*.
You can also make milk *atoles* and add ground almonds, walnut, yolk of egg or chocolate. Or you can flavour the *atole* with vainilla, cinnamon, lemon peel or orange leaves. There is an *atole* called *atón parado* which is an *atole* sweetened with sugar loaf and containing raisins, peanuts and cheese. Another *atole* is called *chileatole* and it contains chili, sweet corn and pieces of cheese; pork or chicken can also be added if desired.

Popular custons

In the city of Puebla de los Angeles, at dusk, when the church bells call men to the rosary and the rain falls steadily, people have the custom of going to the market to savour in cups of Puebla earthenware this delicious *chileatole* served from huge clay pots kept warm on braziers of live coals.

que se le agrega chocolate o cacao se le llama *champurrado*. Puede mezclársele al atole fruta molida, ya sea piña, fresa, membrillo, ciruela, chabacano u otras.
Se hace también el atole en leche, ya sea con almendra molida, nuez, yema de huevo o chocolate, perfumándolo con vainilla, canela, cáscara de limón y hojas de naranjo.
Atón parado se llama a un atole endulzado con piloncillo, pasas, cacahuates y queso. Al que lleva chile, granos de elote y trocitos de queso y pedazos de elote, se le nombra *chileatole* al que se le puede agregar carne de puerco o de pollo si se desea.

Costumbres populares

En la ciudad de Puebla de los Angeles, al atardecer, cuando las campanas llaman al rosario y cae la lluvia pertinaz, hay la costumbre de acercarse al mercado a saborear este delicioso chileatole en tazas de loza poblana, expendido en grandes ollas de barro sobre anafres de carbón encendido.
En Oaxaca, acostumbraban celebrar el crecimiento de las milpas, cociendo las primeras mazorcas en la preparación del chinequatole, mole de olla con masa y trozos de elote. Una multitud de muchachos se alineaba alrededor de la olla

In Oaxaca, they used to celebrate the growing of the young sprigs of corn, by cooking the first cobs to prepare *chinequatole*, which is a *mole* with duogh and pieces of corn on the cob. A multitude of young people would gather around the dish of beautiful Oaxaca earthenware in which this delicious *atole* was cooked. It was a rustic banquet full of the most gentle gaiety.

de hermoso barro oaxaqueño en donde se acostumbraba cocer este delicioso atole. Era un banquete rústico lleno de la más tierna alegría.

CACAO

SAHAGÚN recounts (L. X. C. XVIII):
"He who deals in cacao is accustomed to have a lot of in and to have cacao estates; he takes the cacao away to sell it or he buys it nearby to sell it wholesale. He who is a good merchant sells beans which are all big, solid and well-assorted, and he sells each item for what it is; he sorts out the big, solid beans; he sorts out the small, hollow or broken beans and he sorts out the waste matter; and each kind is arranged together; the Tochtepec beans, the Anahuac beans, the Guatemala beans, the Xoloteco beans, the white ones, the grey ones or the red ones.

Of cocoa merchants

"The bad merchant sells under false pretences, for he cooks the beans and even toasts them so that they seem good, and sometimes he throws them in water so that they appear fat, and he makes them grey or dark as these are the best beans; he also has this way of deceiving, by covering them: to make new ones seem big, he toasts them in hot ashes and

EL CACAO

Cuenta SAHAGÚN (L. X. C. XVIII): "El que trata en cacao suele tener gran copia de ello y tener heredades de cacao y lo lleva fuera a vender, o lo compra junto para vender por menudeo. El que es buen tratante en esta mercadería, las almendras que vende son todas gordas, macizas y escogidas, y vende cada cosa por sí, aparte las que son gordas y macizas, y aparte las que son menudas y como huecas, o quebrada, y aparte el ripio de ellas; y cada género de por sí, las de Tochtepec, las de Anáhuac, las de Guatemala, las de Guatulco, las de Xoloteco, ora blanquizcas, o cenicientas, o coloradas.

De los mercaderes del cacao

"El mal tratante vende las falsas, porque las cuece y aún las tuesta para que parezcan buenas, y a las veces échalas en el agua para que parezcan buenas, ya las veces échalas en agua para que parezcan gordas, y hácelas como cenicientas o pardas, que son las mejores almendras; para engañar tiene también este modo, para adobarlas, que las que son

afterwards he covers them with clay and wet earth, so that instead of appearing small, they appear big; and they have another way of deceiving: they put pieces of black dough or black wax in the shells of the beans and they look like the kernels of the beans; and sometimes they break up avocado stones into pieces, and make them round and they put these little round pieces into the empty shells of the beans. And those which are small, or tiny, they mix them in with the other beans which are grey or fresh, and even with the other hybrid beans which seem to be cacao beans called *quauhpotlaxtli*. They do everything they can to deceive those who buy."

CHOCOLATE

Much research has been undertaken to find out the etymology of the word *chocolate*. Many interpretations have been published, but the true one has still not been discovered.

nuevas para que parezcan gordas, suelelas tostar en la ceniza caliente y después las envuelve con greda y con tierra húmeda, para que las que parecían menudas, parezcan gordas y nuevas; y otro modo tienen para engañar, que en las cáscaras de las almendras meten una masa negra, o cera negra, que parece ser semejante al meollo de ellas, y algunas veces los cuescos de aguacates los hacen pedazos, y redondéanlos, y así redondeados los meten en las cáscaras vacías de las almendras. Y las que son menuditas, o pequeñitas, todas las mezclan y las envuelven con las otras almendras que son cenicientas o frescas, y aun con las otras bastardas que parecen ser también cacao, o tienen por nombre *quauhpotlaxtli*, todo lo cual hacen para engañar a los que compran".

CHOCOLATE

Muchos investigadores han tratado de encontrar la etimología de la palabra chocolate. Se han publicado

In the monograph, *Chocolate*, written by LUIS AZCUE y MANCERA, we find various opinions:
"First Don Joaquín Bastus and then the Academy of the Spanish Language, basing their statement on his theory, say, 'It is supposed that the name of *chocolat,* that the Spanish gave to the drink or infusion of cacao, from which we get the word *chocolate,* is formed from *choco,* which in antiquity meant *cacao,* and from *late,* which means water; that is cacao dissolved in water or water of cacao."
CECILIO ROBELO, commenting on this, says, "*Choco* has never meant cacao; *late* is not a Mexican word; it cannot be, because in this language no word begins with 'L', and water of cacao in Mexican is expressed as *cacahuatl.*"
In view of this, CECILIO ROBELO at that time, and now with him CASTILLO LEDÓN, derive the word *chocolate* (*choco-atl*) from the Nahuatl *xoco* (sour) and *atl* (water); that is *sour water,* and they clarify: "because cacao without water and sweetening is very bitter and the Mexicans consume it like this". If we were to accept this interpretation, philologically,

Of the philological interpretations of the word chocolate

EK-CHUAH
(God of Cacao)

muchas interpretaciones, pero aún no se ha encontrado la verdadera. En la monografía *El Chocolate,* escrita por el ING. LUIS AZCUÉ Y MANCERA, encontramos diversas opiniones:
"Don Joaquín Bastus primero y luego la Academia de la Lengua Española fundada en él, dicen: 'Se supone que en el nombre de *chocolat,* que daban los mexicanos a la bebida o infusión del cacao, de la cual nosotros hicimos *chocolate,* se formó de *choco* que en antiguo significaba cacao, y de *late,* agua, es decir, cacao disuelto en agua o agua de cacao.'
DON CECILIO ROBELO, comentando lo anterior, dice: Choco nunca ha significado cacao; late no es palabra mexicana, ni puede serlo, porque en este idioma ninguna dicción comienza con L, y agua de cacao se dice en mexicano *cacahuatl*"
En vista de lo anterior, DON CECILIO ROBELO en esa época, y en la actualidad con él, CASTILLO LEDÓN, derivan la voz chocolate (*choco-atl*) del nahuatl *xoco* (agrio) y *atl* (agua); esto es, *agua agria,* y aclaran: "porque el cacao sin agua y sin dulce es muy amargo y así lo toman los mexicanos". Si esta

EK-CHUAH
(Dios del Cacao)

De las interpretaciones filológicas de la palabra chocolate

in accordance with the rules for the formation of words, the word should be *xocoatl* or *xoxoatl* which are very different from the word *chocolatl*. Moreover, MOLINA informs us that *xocoatl* is a fermented sweet and sour drink made with maize and water."

Chocolate is not a sour drink and still less is it fermented; it has indeed a bitter taste, but it is pleasant and we understand that it was drunk with honey and with the flower of cacao plant. In Oaxaca, there is a drink called *tejate*, which is made with cacao, maize and cacao flowers and which dates from pre-Hispanic times.

The above-mentioned AZCUE Y MANCERA says:

"The indigenous chocolate was basically an infusion of cacao in water, to which were added special flavours which affected its smell. However, besides this drink, there were others in which cacao was the principal or subsidiary ingredient; and so, from this time, cacao has been used in various *atoles*. One of our present day *atoles* in which cacao is used is *champurrado*. Cacao was also used to make bars of

interpretación fuera de aceptarse, filologicamente, de acuerdo con reglas conocidas para la formación de las palabras, debería ser: *Xococ-atl* o *Xoxoatl*, que se diferencia en mucho de *chocolatl*. A mayor abundamiento, MOLINA nos informa que *xocoatl* es una bebida fermentada agridulce, hecha a base de maíz y agua".

El chocolate no es bebida agria y menos fermentada; sí es amargo su sabor, pero agradable y tenemos entendido que se tomaba con miel y la flor del mismo cacao. En Oaxaca se toma una bebida llamada *tajate*, que se hace con cacao, maíz y flor de cacao y que data de épocas prehispánicas.

Del chocolate nos dice el ya citado Ing. AZCUÉ Y MANCERA:

"El chocolate indígena era esencialmente una infusión de cacao en agua, agregado de sabores especiales que afectaban más bien su olor, pero además de esa bebida existieron otras en que figuró el cacao como ingrediente principal o complementario, y así se data su presencia en varios atoles de maíz, entre los cuales se puede citar el actual 'Champurrado'; pero además de eso se fabricaban pas-

chocolate: the cacao was ground and corn flour sometimes added, or sometimes almonds or peanuts. These bars were used to make the drink whenever it was desired or for easy transport when one went on a journey.
"FRAY TOMAS GAGE'S interpretation of the word is amusing. He asserts that the first part of the word is onomatopoeic because of the noise which is made when the chocolate is beaten *choco-choco*. And the final part of the word is Nahuatl. Another interpretation of the same kind to which we are anable to ascribe the author is that chocolate means 'the water which moans' or 'the water which moans when turning over' alluding to the turning of the *molinillo* when the chocolate is being beaten. And it has been established that the roots in Nahuatl would be *choca* (to cry, to moan), *coloa* (to twist, to turn) and *atl* (water). But this does not seem a serious argument."

The chocolate of Valle Inclán

And so, there are various opinions on the word *chocolate*, amongst others the poem by RAMÓN MARÍA DEL VALLE INCLÁN:

tillas o tablillas de chocolate, es decir, pequeñas tortitas en que figuraba el cacao ya molido y a veces agregando la harina de maíz, otras almendras, cacahuates que se empleaban para hacer la bebida en un momento dado o transportarlo si se iba de camino.
"Divertida es la interpretación dada por FRAY TOMÁS GAGE quien asienta que la primera raíz es onomatopéyica a causa del ruido que se hace al batirlo, *choco-choco*, y la terminación atl nahuatlaca. Dentro de este estilo de interpretación y sin poder definir la adscripción o paternidad de la idea, están los que afirman que el chocolate es 'agua que gime' o 'agua que gime al dar vueltas', por alusión a las que da el molinillo al batir el chocolate, y esto establecido, las raíces en lengua nahuatlaca serían *choca* (llorar, gemir), *coloa* (girar, dar vueltas) y *atl* (agua), lo cual no tiene visos de seriedad".

El chocolate de Valle Inclán

THEOBROMA

Cacao! Aphrodite, garden of the puma
And chocolate of Moctezuma.
Chocolate, the story runs,
Was not invented by the nuns.
Some attribute it to the Aztecas,
Others say t'was the Chichimecas.
There are the two credos with 'twas their two papas:
Was it in Tabasco or was it in Chiapas?
Cacao in the tongue of the Anahuac
Is bread of the gods, or Cacahuac.
The savant finds it not a misnomer
To call cacao in Greek: Theobroma.

The miraculous drink of Brillat Savarin

Chocolate perfumed with vanilla and beaten up with milk was first drunk in France, and was henceforth called *French chocolate*. The great master chef, BRILLAT SAVARIN, said:

Y así sucesivamente, existen varias opiniones acerca de la voz *chocolate*, entre otras el poema de don RAMÓN MARÍA DEL VALLE INCLÁN:

THEOBROMA

¡Cacao! Afrodita jardín del puma
Y chocolate de Moctezuma.
El chocolate —parece cuento—
No lo inventaron en un convento.
Unos lo achacan a los Aztecas,
Disputan otros si Chichimecas.
Hay sus dos credos con sus dos papas;
¡Si fue en Tabasco! ¡Si fue en Chiapas!
Cacao en lengua del Anáhuac
Es pan de dioses, o Cacahuac.
Y el hombre sabio sigue la broma
Cacao en lengua griega: Theobroma.

Every man who has drunk too much
From the cup of voluptuousness,
Every man who steals hours from his sleep,
Every spiritual man who feels bestiality
Growing within him again,
Every man who feels that his surroundings
Are difficult to overcome, must drink
A pint of perfumed chocolate and
Everything will seem marvellous!

The list of books, essays, stories and anecdotes on cacao is a long one; it is impossible to give them all here. We shall only relate how chocolate came to mankind.

THE LEGEND OF CHOCOLATE

The piety of the gods

"This is written in the Tonalamalt, the book of Auguries of the priests of the goddess, Xochiquetzatl, the history of when the gods, pitying the travail of the

La Bebida milagrosa de Brillat Savarin

El chocolate perfumado con vainilla y batido en leche se tomó en Francia por vez primera, dándosele desde entonces el nombre de "chocolate a la francesa". El gran maestro de la cocina BRILLAT SAVARIN decía:

Todo hombre que ha bebido en demasía
De la copa de la voluptuosidad,
Todo hombre que le robe horas al sueño,
Todo hombre de espíritu que sienta renacer
Lo bestial dentro de su ser;
Todo hombre que siente que el ambiente
Es difícil de superar, debe tomar
Medio litro de chocolate perfumado y
Todo le parecerá ¡maravilloso!

Larga es la lista de libros, ensayos, cuentos y relatos acerca del cacao; imposible transcribirlos todos, por lo que sólo platicaremos cómo llegó el chocolate a los hombres.

Toltecan people, resolved that one of them should go down to the Earth to help them, teaching them the sciences and the arts. They decided that *Quetzalcoatl*, who had been helping the Toltecas for a long time, should take human form and descend upon Tollan, the city of good and hardworking men. And thus it come to pass."

The arrival of the plumed serpent

Quetzalcoatl came down a beam of the morning star; his apparition astounded the Toltecas, particularly because of his garments which were made of a luminous material and because of his curling, white beard which was also luminous. Everybody realised that he was not an ordinary mortal and worshipped him. They broke their dark, ugly gods of clay. The built him a geart house, five floors high, with steps, the roof of the house being held up by four huge stone supports in the shape of human beings. They decorated the facade in bas-relief with big butterflies and tigers going in procession in search of the god, whom they also called *Tlahuizcalpantecutli* (Lord of the Evening Star) so that people would know

LA LEYENDA DEL CHOCOLATE

La piedad de los dioses

"Escrito está en el Tonalamalt, el libro de los Augurios de los sacerdotes de la Diosa Xochiquetzatl, la historia de cuando los dioses, compadecidos de los trabajos que pasaba el pueblo tolteca, resolvieron que uno bajara a la Tierra para ayudarles, enseñándoles las ciencias y las artes. Decidieron que fuera *Quetzalcoatl* que hacía tiempo se empeñaba en ayudar a los toltecas, quien tomara forma humana y descendiera sobre Tollan, la ciudad de los hombres buenos y trabajadores. Y así se hizo."

La llegada de la serpiente emplumada

Quetzalcoatl descendió por un rayo de la estrella de la mañana, dejando asombrados a los toltecas con su aparición, particularmente por su indumentaria hecha toda de una materia luminosa, y por su blanca y rizada barba, luminosa también. Todo el pueblo comprendió que no era un simple mortal aquel aparecido y, desde luego, le rindió adoración, rompiendo sus feos y obscuros dioses de barro.

that he dominated the East and West and came from the star that we now call Venus, which at one time appears in the morning and at another time in the evening.

The temple was in a big square, in the centre of the city of Tollan which is now called Tula. It had a big population in the eleventh and twelfth centuries A. D.

The splendour of beautiful Tollan

And in the days when it was a rich city, the gods, *Tlaloc* and *Quetzalcoatl-Tlahuizcalpantecutli,* reigned over it. Tlaloc (the Lord who is inside the Earth) was the lord of the rains, the giver of life and the master of the souls separated from their bodies. *Xochiquetzal* reigned too; she was the goddess of happiness and love, the wife of *Tlaloc* and the discoverer of pulque.

All the gods were good. Ruled by *Quetzalcoatl,* they taught the Toltecan people all there was to know and made them wise and artistic. They taught them the movements of the stars which enabled them to measure time and note on the calendar the changes in the seasons. Thus they could take advantage of the rains and choose the best time for harvesting.

Of Toltecan science and art

Le erigió una gran casa de cinco pisos escalonados, de altura de diez metros, cuyo techo estaba sostenido por cuatro monumentales soportes de piedra con figura humana, adornando la fachada con bajorrelieves de grandes mariposas y de tigres que iban en procesión en busca del dios, al que llamaron también *Tlahuizcalpantecutli* (Señor de la Estrella de la Tarde), para hacer saber que dominaba el Oriente y el Poniente y venía de la estrella que hoy llamamos Venus, que en una época aparece por la mañana y en otra por la tarde.

Este templo estaba en una gran plaza, alrededor de la cual se extendió la ciudad de Tollan, que hoy llamamos Tula, que fue ciudad muy populosa por los siglos XI y XII de nuestra era.

El esplendor de la bella Tollan

Y en los días en que era ciudad rica dominaba junto con *Quetzalcoatl-Tlahuizcalpantecutli,* el dios Tlaloc (El Señor que está dentro de la Tierra), el dueño de las lluvias, dador de la vida y dueño de las almas separadas de los cuerpos. Y reinaba también *Xichiquetzal* (Flor Emplumada), la diosa de

De la ciencia y el arte tolteca

The Toltecan people were well-nourished, they were the masters of maize, beans, yucca and of all the fruits and cereals. And so they could study and be wonderful architects, magnificent sculptors and fine potters.

The drink of the gods

Quetzalcoatl, who loved them, also gave them a plant which he had stolen from the gods, his brothers. They had guarded it jealously because they thought that the drink obtained from it should only be for the gods. *Quetzalcoatl* took the little shrub with its red flowers hanging from branches with long leaves. The branches hung towards the earth offering it their dark fruits. *Quetzalcoatl* planted the little tree in the fields of Tula and asked *Tlaloc* to give it rain and *Xochiquetzal* to adorn it with flowers. The little tree produced fruit and *Quetzalcoatl* collected the pods, had the fruit toasted and then showed the women, who followed on from the work of the men, how to beat it with water in gourds, thus obtaining chocolate which in the beginning was only drunk by the priests and nobles. It was a sacred liquid and they would drink it bitter or acrid; its name in

XOCHIQUETZAL
(Cod. Borgia, 57-fragment)

XOCHIQUETZAL
(Cod. Borgia, 57-fragmento)

alegría y el amor, esposa de *Tlaloc* y descubridora del pulque.

Todos los dioses eran buenos y dirigidos por *Quetzalcoatl* enseñaban al pueblo tolteca todo el saber, hasta hacerlo sabio y artista, conocedor de la marcha de los astros, lo que le permitió medir el tiempo y señalar en el calendario el cambio de las estaciones para aprovechar las lluvias y levantar las cosechas.

Bien alimentados los toltecas, dueños del maíz, del frijol, de la yuca y de todos los cereales y frutos, pudieron emplear sus horas en estudiar y ser admirables arquitectos, magníficos escultores y delicados ceramistas.

La bebida de los dioses

Quetzalcoatl, que los amaba, les dio además el don de una planta que había robado a los dioses, sus hermanos, que éstos guardaban celosamente, porque la bebida que de ella obtenían pensaban que era bebida destinada nada más que a los dioses. *Quetzalcoatl*, sustrajo el pequeño arbusto de flores rojas, pendidas a ramas de hojas alargadas; inclinadas hacia la tierra, a la que ofrecían sus oscuros frutos. Plantó en los campos de Tula el arbolito y pidió a *Tlaloc* lo alimen-

Maya (*Kakau* from *kab* which means bitter) seems to be derived from this fact. In later times, it was mixed with honey. And when the Spanish came, they mixed it with sugar and milk and drank it hot. It was the luxury drink of Colonial times.

But let us return to *Quetzalcoatl* who was the donor of four kinds of cacao: *cauhcacahuatl, mecacahuatl, xochicacahuatl* and *tlalcocahuatl*. The latter was toasted; the others were used as money for it was considered that the fruit was a symbol of wealth.

The Toltecas were rich and wise, artistic and constructive; they enjoyed the delicious chocolate and they were happy. And so the gods became envious of them, and even more so when they found out that the Toltecas were drinking chocolate which was supposed to be only for them. They swore vengeance firstly on *Quetzalcoat* and then on all the Toltecan people.

The arrival of Texcatlipoca

tara con la lluvia y a *Xochiquetzal* lo adornara con flores, y el arbolillo dió sus frutos y *Quetzalcuatl* recogió las vainas, hizo tostar el fruto, enseñó a molerlo a las mujeres que seguían los trabajos de los hombres, y a batirlo con agua en las jícaras, obteniendo así el chocolate, que en el principio sólo era tomado por los sacerdotes y los nobles. Fue licor sagrado y lo tomaban agrio o amargo, de donde al parecer deriva su nombre en maya: *kahau*, de *kab* (amargo). Más tarde se le mezcló con miel, y a la llegada de los españoles éstos le agregaron azúcar y leche, tomándolo caliente y haciéndolo la bebida de lujo de la época colonial.

Pero volvamos a *Quetzalcoatl*, dador del cacao en sus cuatro clases: el *cauhcacahuatl*, el *mecacahuatl*, el *xochicacahuatl* y el *tlalcacahuatl*, que era el que tostaban, reservando los otros tres para moneda, pues se consideraba que el fruto era símbolo de riqueza.

Los toltecas fueron ricos y sabios, artistas y constructores, y gozaban del rico chocolate y eran felices, lo cual despertó la envidia de los dioses, más aún cuando descubrieron que tomaban la bebida que estaba destinada únicamente a ellos.

La llegada de Tezcatlipoca

And so they called upon *Tezcatlipoca*, the god of night and darkness, who was an enemy of *Quetzalcoatl*, the god of light.
Tezcatlipoca descended to Earth on the thread of a spider. Disguised as a merchant, he approached *Quetzacoatl* and offered him the drink that *Xochiquetzal* had discovered. The god of light was in his palace; he was feeling extremely sad because a dream had informed him that the gods were preparing their revenge and he feared for the people he had made rich, wise and happy.
The false merchant approached him and said, "Why are you sad, *Ometecutli*?"

The drunkenness of Quetzalcoatl

"Because the gods have decreed my perdition and the extermination of the Toltecan people", answered *Quetzalcoatl*.
"With this drink I offer you oblivion from your sorrows and you will be joyful. Take it and you will be happy again and you will give it to your people so that they will be happy too."

Juraron venganza, contra *Quetzalcoatl* primero y contra el pueblo tolteca después.
Para esto llamaron a *Tezcatlipoca* (Espejo Humeante), el dios de la noche y de las tinieblas, y este dios, enemigo de *Quetzalcoatl*, el dios luminoso, bajó a la Tierra por el hilo de una araña y disfrazándose de mercader se acercó a *Quetzalcoatl* y le ofreció la bebida que *Xochiquetzal* había descubierto. El dios luminoso se hallaba en su palacio, inmensamente triste, pues un sueño le había hecho saber que los dioses preparaban su venganza y temía por el pueblo al que había hecho rico, sabio y feliz.
El falso mercader se le acercó y le dijo:
— ¿Por qué estás triste, *ometecutli*?
— Porque los dioses han decretado mi perdición y el exterminio del pueblo tolteca, respondió *Quetzalcoatl*.
— Yo te ofrezco con este licor el olvido de tus penas y la alegría. Tómalo y serás nuevamente feliz y lo darás a tu pueblo para que sea feliz también.

La embriaguez de Quetzalcoatl

Quetzalcoatl, que amaba al pueblo tolteca, creyó las palabras embusteras de *Tezcatlipoca* y bebió del jugo que se le ofrecía, que era el *octli*, el jugo fermentado del *metl*, el maguey, que era llamado por el pueblo *tlachiuhtli*, o sea el pulque. Quetz*alcoatl* lo bebió y se embriagó, con gran regocijo

Quetzalcoatl, who loved the Toltecan people, believed the crafty words of *Tezcatlipoca* and drank the juice which was offered to him. It was *octli*, the fermented juice of *metl* (maguey), which was called *tlachiuhtli* by the people or *pulque*. *Quetzalcoatl* drank it and became inebriated to the great joy of the evil *Tezcatlipoca*. He danced and shouted and the people were scandalised watching him behave in such a ridiculous way. Afterwards, he went to sleep. When he woke up with a bitter taste in his mouth and a very bad headache, he realised that the gods had dishonoured him and that the destruction of the Toltecas and the fall of glorious Tollan were being prepared.
Quetzalcoatl now felt that he could never see those he had taught to be good and honourable without feeling very ashamed and so he decided to walk towards the evening star, his home. Weeping, he set out on his way, all the more quickly because on the day after his inebriation, he saw that the cacao plants which had been green and leafy were now dry and thorny; they had turned into *mezquites (Prosopis juliflora)*.

del malvado *Tezcatlipòca*, y bailó y gritó entre el escándalo del pueblo que lo miraba hacer gestos ridículos. Después se durmió y, al despertar, con la boca amarga y en la cabeza un dolor profundo, se dió cuenta de que los dioses lo habían deshonrado y que se preparaba la ruina del pueblo tolteca y la caída de la gloriosa Tollan.
Sintiendo *Quetzalcoatl* que ya nunca podría ver a los que había enseñado a ser buenos y honrados, sin tener una gran vergüenza, decidió marchar hacia el rumbo de la estrella vespertina, su casa, y llorando emprendió el camino, máxime cuando encontró, al día siguiente de su embriaguez, que las plantas del cacao, de verdes y frondosas se habían transformado en secas y espinosas, en mezquites.
Marchó entonces hacia el mar, hacia la llamada Nonoalco, en las playas de lo que hoy es Tabasco, y allí arrojó, por última vez, las semillas del cacao, que bajo su mano florecieron y ahí quedaron como la postrer dádiva del dios luminoso. Después entró en el mar y, aprovechando un rayo de luz de la estrella de la tarde, se volvió a su morada de luz. Y ahora sabemos por qué ya no florece el cacao en el altiplano y solamente se le cosecha en tierras lejanas, en

Then he walked towards the sea, towards the place called *Nonoalco*, to the beaches of what is now Tabasco, and there for the last time he cast some cacao seeds and they flowered beneath his hand and remained there as the last gift of the god of light. Afterwards, he went into the sea and returned to his dwelling of light by a ray of the evening star.

And now we know why cacao no longer flowers in the heights and is only harvested in distant lands, in the lands where the god spent his last hours, the god of light, the giver of the drink of the gods, the giver of chocolate.

TEZCATLIPOCA
(Cod. Borgia, No. 17 -reconstruction)

TEZCATLIPOCA
(Cod. Borga, No. 17 -reconstrucción)

VANILLA

It would not be possible to talk of chocolate without mentioning vainilla, since they are used together in many sweet and cake recipes.

The perennial orchid

Tlilxochil (*tlil* means black and *xochil* means flower) owes its name in Spanish to the shape of its fruits which are like small sheaths (Spanish vainilla means little sheath). It has practically the same name in most European languages.

For 300 years, Mexico was the only producer of vainilla in the world, enjoying a lucrative monopoly. The French were anxious to cultivate this plant and enjoy its benefits. However, they found that although the plant would flower, it would not bear fruit even though they had tried to cultivate it in various different countries in their power. It seems that it was the Belgian botanist, CHARLES MORREN, who discovered that the vainilla flower remained open barely 24 hours and was then pollinated by bees or the hummingbird and the same species did not exist in the tropical zones of Asia.

en tierras en donde pasó sus últimas horas el dios luminoso, el dador de la bebida de los dioses, el chocolate.

LA VAINILLA

No es posible hablar del chocolate sin hablar de la vainilla, ya que se usan juntos en muchas recetas tanto de confitería como de repostería.

La orquídea perenne

Tlilxochil (Tlil negro y Xochil flor), debe su nombre español a la forma de sus frutos, en forma de pequeñas vainas. Llamándose casi igual en la mayoría de los idiomas europeos.

Por 300 años México fue el único productor de vainilla en el mundo disfrutando de un lucrativo monopolio; los franceses ansiaban cultivar esta planta y disfrutar de sus beneficios, pero la planta florecía y no daba fruto aunque la habían cultivado en varios países bajo su dominio. Parece ser que el botánico belga CHARLES MORREN descubrió que la flor de la vainilla permanecía abierta escasas 24 horas,

However, in 1841, EDMOND ALBIUS, a slave on the French island of Reunion, perfected a method of rapid pollination which consisted in taking the sticky mass of pollen with a small bamboo stick and, opening the lips of the flower, inserting the pollen in the ovary. This method of artificial pollination was commercialised and vainilla plantations were established in Reunion, Java, Madagascar, Tahiti, the Seychelles, Zanzibar, Brasil and Jamaica, At the present time, Madagascar produces 80% of the world supply of vainilla; the remaining 20% being produced by the other growers, including Mexico.

TLILIXOCHITL
(Vanilla-from a seventeeth century MS)

presumiendo que estas eran polinizadas por abejas o por el colibrí, especies no existentes en las zonas tropicales asiáticas.

TLILIXOCHITL
(Vainilla de un manuscrito del siglo XVII)

Después de 1841 fecha en que EDMUNDO ALBIUS, esclavo en la isla francesa Reunión, perfeccionó una forma de polinización rápida que consiste en tomar con una pequeña vara de bambú la masa adhesiva de polen y briendo el labio insertarlo en el ovario de la misma. Así este método de polinización artificial se industrializó, estableciéndose plantaciones de vainilla en Reunión, Java, Madagascar, Tahití,

El descubrimiento de Albius

VANILLA ICE CREAM

milk	1	litre
egg yolks	8	
whipped sweetened cream	1/2	litre
sugar	2	cups
carbonate	1	pinch
melted butter	100	grams
vanilla pod	15	cm.
or vanilla extract	1	teas

Boil the milk with the sugar, carbonate and vainilla for 15 minutes. Take 1 cup of milk and beat it with the eggs. Pass it through a sieve and add it to the boiling milk. Stir constantly over a moderate heat for 10 minutes, preferably with a flat wooden spoon. Leave to cool and then add the melted butter and the beaten cream. Put in the freezing

Las Seychelles, Zanzíbar, Brasil y Jamaica. En la actualidad Madagascar produce el 80% de la vainilla que se consume quedando un 20% para el resto de productores entre los que se cuenta México.

HELADO DE VAINILLA

leche	1	litro
yemas	8	
crema dulce batida	1/2	litro
azúcar	2	tazas
carbonato	1	pizca
mantequilla diluida	100	gramos
vainilla	1 ejote de 15 ctms.	
o extracto de vainilla	1	cucharadita

Preparación: Se hierve la leche con el azúcar, carbonato y la vainilla 15 minutos, se toma 1 taza de leche y se bate con las

compartment of the refrigerator, or for better results, beat it in an ice-bucket, putting around it layers of broken ice and salt, the top layer being of salt. Turn it until the ice cream hardens.

THE LEGEND OF VANILLA

Mention of vainilla has been made in books since the time of the conquest to the present day and the legend of vainilla is thought to be of Totonac origin. The most complete text of this legend seems to us to be the one given by JOSÉ DE J. NÚÑEZ Y DOMÍNGUEZ. We quote this version below with the kind permission of the author:

"The Totonacs, the most artistic race of pre-Columbian America, after sculpting the marvellous stone decorations of Teotihuacan, decided to settle on the coast of what is now the State of Veracruz. At that time, they still did not practise human sacrifice.

yemas, se agrega a través de un colador a la leche que está hirviéndo y sin dejar de mover se cuece durante 10 minutos más a fuego lento. Se retira del fuego y sin dejar de agitarlo por espacio de 10 minutos más. Para esta operación será preferible usar una cuchara plana de madera.

Se deja enfriar, se le agrega la mantequilla diluida y la crema batida. Se pondrá en el congelador o si se desea más fina en una nevera, poniéndo alrededor del recipiente en donde está la crema 1 capa de hielo picado, otra de sal gruesa terminado con 1 de hielo. Se le da vueltas hasta que endurezca la crema.

LA LEYENDA DE LA VAINILLA

Leímos en las obras de autores quienes, desde la conquista hasta nuestros días, mencionan la vainilla que la leyenda de la vainilla es de origen totonaca. El texto más completo nos parece es él que presenta JOSÉ DE J. NÚÑEZ Y DOMÍNGUEZ. Esta versión la citamos seguidamente con el amable permiso de su autor:

“They were pantheistic by temperament and lovers of beautiful, delicate objects; they worshipped the sun, the wind, the water and the earth and they offered garlands of flowers to the gods or burned resins in their honour. They killed some wild animals for sacrificial purposes, but they adored birds, above all those with brilliant feathers which they used to make the plumes of their golden *copilli*.

“Once they had settled in the coastal region, they constituted the kingdom of Totonacapan. The capitals of the kingdom were Zempoala, Mizquihuacan and Papantla, the latter meaning Land of the Good Moon in their language.

“The most important heads of the realm raised altars to their principal deities; outstanding among these was the goddess *Tonayohua*, who looked after sowing, bread and food and whom the early chroniclers compared to Ceres, the ancient Roman goddess.

“She had her temple at the summit of one of the highest mountain ranges near Papantla. Six humble maidens, who had made a vow of lifelong chastity, were entrusted with looking after the temple and performing the rites.

RABBIT
(from the centre of a memorial stone in the from of a vase, from Tlaxiaco, Oaxaca)

CONEJO
(del centro de una lápida en forma de vasija, de Tlaxiaco, Oaxaca)

“Cuando los totonacas —la raza más artística de América precolombina— después de haber esculpido las maravillosas ornamentaciones pétreas de Teotihuacan, decidieron asentarse en las costas del hoy Estado de Veracruz, en el Golfo de México, todavía no practicaban los sacrificios humanos. Panteistas por temperamento, amantes de las cosas bellas y delicadas, rendían culto al sol, al viento, al agua y a la tierra y sus ofrendas a los dioses consistían en ramilletes de flores y en incineraciones, de *copal*. En holocausto mataban algunos animales silvestres, pero adoraban a los pájaros, sobre todo a los de brillantes plumajes que les servían para los penachos de sus áureos *copilli*.

“Establecidos en la región costera, constituyeron el reino de Totonacapan, una de cuyas capitales, además de Zempoala y Mizquihuacan, fue Papantla, que en su idioma quiere decir Tierra de la Luna Buena.

“Los principales jefes de aquel señorío levantaron adoratorios a sus principales deidades, entre las que

"One of the wives of King *Tenitztli*, who was the third in the Totonac dynasty, had a daughter who because of her exceptional beauty was called *Tzacopontziza*, which means Morning Star. And as the parents did not wish any man to enjoy her beauty, she was offered as a handmaiden to *Tonacayohua*.

"But a young prince called Zkatan-Oxga, meaning the Young Deer, fell in love with her. Although he knew that such a sacrilege carried the death penalty, one day when Morning Star came out of the temple to take in the doves which she had caught in order to offer them to the goddess, he took her and was going to carry her off to the most rugged part of the mountain.

"But they had not journeyed far, when a terrifying monster appeared before them. It surrounded them both with flames, making them retrace their steps. When they returned to the path, the priests were waiting for them in a fury and before Zkatan could utter a word, he was beheaded with a single stroke of a sword. The princess suffered the same fate. Their bodies were taken, still warm, to

sobresalía la diosa *Tonayohua*, que era la que cuidaba la siembra, el pan y los alimentos y a la que comparan los primeros cronistas con la Ceres de los antiguos romanos.

"En la cumbre de una de las más altas sierras cercanas a Papantla, tenía su templo *Tenacoyohua*, de cuyo aderezo y ritos estaban encargadas seis jóvenes pobres que desde niñas eran dedicadas especialmente a ella y que hacían voto de castidad de por vida.

"En tiempos del rey *Tenitztli*, tercero de la dinastía totonaca, tuvo una de sus esposas, una niña a quien por su singular hermosura pusieron el nombre de *Tzacopontziza* que equivale a 'Lucero del Alba'. Y no queriendo que nadie disfrutara de su belleza, fue consagrada al culto de *Tonacayohua*.

"Pero un joven principe llamado Zkatan-Oxga, el 'Joven Venado', se prendó de ella; a pesar de que sabía que tal sacrilegio estaba penado con el degüello, un día que 'Lucero del Alba' salió del templo para recoger torolillas que había atrapado para ofrenderlas a la diosa su

the temple where their hearts were torn out and they were cast onto the altar of the goddess.

"But in the place where they had been sacrificed, the grass began to dry up, as if the blood of the two victims which han been spilt there had an evil influence. A few months later a bush began to grow, but so fast that in a few days it was several feet tall and was covered with thick foliage.

"When it had grown to its full size, a climbing orchid began to grow at its side, it too with astonishing rapidity and vigour. It put out its tendrils onto the trunk of the bush with such force and yet at the same time with such delicacy that they seemed like the arms of a woman.

"They were fragile tendrils with elegant, filigree leaves.

"Drawn to see such a wonder, the priests and the people did not doubt of the prince had turned into the bush and the blood of the princess into the orchid. And yet greater was their wonder when the fragant little flowers turned into long, thin pods, which, when they ripened, exhaled an even more penetrating aroma, as if these most exquisite fragran-

enamorado la raptó, huyendo con ella a lo más abrupto de la montaña.

Pero no habían caminado mucho trecho cuando se les apareció un espantable monstruo, que envolviendo a ambos en oleadas de fuego, les obligó a retroceder rápidamente. Al llegar al camino, ya los sacerdotes les esperaban airados y antes de que *Zkatan* pudiera decir una palabra, fue degollado de un solo tajo, corriendo la misma suerte la princesa. Sus cuerpos fueron llevado aún calientes, hasta el adoratorio, en donde tras de extraerles los corazones, fueron arrojados en el ara de la diosa.

"Mas en el lugar que se les sacrificó, la hierba menuda empezó a secarse, como si la sangre de las dos víctimas allí regada tuviera un maléfico influjo. Pocos meses después principió a brotar un arbusto, pero tan prodigiosamente, que en unos cuantos días se elevó varios palmos del suelo y se cubrió de espeso follaje.

"Cuando ya alcanzó su crecimiento total, comenzó a nacer juntos a su tallo una orquídea trepadora que, también con asombrosa rapidez y exuberancia, echó sus guías de es-

ces were the quintessence of the innocent soul of Morning Star.
"The orchid was the object of great reverence; it was declared a sacred plant and was cultivated and given as an offering in the Totonac temples.
"Thus, from the blood of a princess, was born vainilla, which in Totonac is called *Caxixanath*, the recondite flower, and in Aztec, *Tlilixochitl*, the black flower."

meralda sobre el tronco del arbusto, con tanta fuerza y delicadeza a la vez que parecían los brazos de una mujer. Eran guías frágiles, de elegantes y cinceladas hojas.
"El ardiente sol del trópico apenas si traspasaba las frondas del arbusto, a cuyo amparo la orquídea se desarrollaba como una novia que reposa en el seno del amado. Una mañana se cubrió de mínimas flores y todo aquel sitio se inundó de inefables aromas. Atraídos por tanto prodigio, los sacerdotes y el pueblo no dudaron ya de que la sangre de los dos príncipes se había transformado en arbusto y orquídea. Y su pasmo subió de punto cuando las florecillas odorantes se convirtieron en largas y delgadas vainas, que al entrar en sazón, al madurarse, despedían un perfume todavía más penetrante, como si el alma inocente de 'Lucero del Alba', quintaesenciara en él, las fragancias más exquisitas.
"La orquídea fue objeto de reverencioso culto, se le declaró planta sagrada y se elevó como ofrenda divina hasta los adoratorios totonacas."
"Así, de la sangre de una princesa, nació la vainilla que en totonaca es llamada *Caxixanath*, flor recóndita, y en azteca *Tlilixochitl*, flor negra."

BIBLIOGRAFIA BIBLIOGRAPHY

Anderson/Dibble, 1951. *Códice Florentino*

Azcué y Mancera, Luis, 1958. *El Chocolate*. México, La Azteca.

Brilla-Savarin, A., 1953. *Fisiología del Gusto*. Barcelona, Editorial Iberia.

Calderón de la Barca, Marquesa, 1958. *La Vida en México*, México, Libro Mex. Editores.

Caso, Alfonso, 1962. ***El Pueblo del Sol***. México, Fondo de Cultura Económica.

Cortés, Hernán, 1963. *Cartas de Relación* México, Porrua.

Dávalos Hurtado, Eusebio, 1966. *Alimentos Básicos e Inventiva Culinaria del Mexicano*. México, Cuadernos de Lectura Popular, S.E.P.

Del Valle Inclán, Ramón María, 1944. *La Pipa de Kif* en: *Obras Completas*, Madrid, Rua Nova.

Díaz del Castillo, Bernal, 1950. *Verdadera Historia de la Conquista de la Nueva España*. México, Ediciones Mexicanas.

García Rivas, Heriberto, 1965. *Dádivas de México al Mundo*. México, Ediciones de "Excelsior".

Garybay K., Angel María, 1961. *Vida Económica de Tenochtitla*. México, Universidad Nacional Autónoma de México.

Pérez, Dionisio, 1962. La Cocina Asturiana, en: *La Cocina y la Mesa en la Literatura*. Madrid, Taurus.

Robelo, Cecilio A., s.f. *Diccionario de Aztequismos*. México, Ediciones Fuente Cultural.

Rosengarten Jr., Frederic, 1969. *The Book of Spices*. Wynnewood, Pa., Livingstone.

Sahagún, Fray Bernardino de, 1969. *Historia General de las Cosas de la Nueva España*. México, Porrua.

Vigil, Constancio , 1944. *El máiz Fabuloso Tesoro*. Buenos Aires, Atlántida.

Wasson, Gordon R., 1967. Revista *"Life"*, 6/3/67.

LIST OF RECIPES

	Page
Atole	104
Bean crown	73
Bean tamales	46
Bread of the dead	27
Capon green chilis	76
Chickpeas with charales	97
Chile pasilla sauce	42
Chilpachole Veracruz style	95
Coating of chicken	81
Cochinita pibil	54
Cooked capon chilis	77
Corundas	50
Exquites	62
Fabada	71
Filling for bean crown	74
Filling for tamales	48
Frogs' legs	92
Guacamole	79
Ham in pulque	15
Lard Gorditas	43
Loin of pork with pulque	17
Maguey worms	94
Pot green mole	88
Pot red mole	86
Prawn stew	95
Prickly pear leaves with egg	69
Pumpkin flower tacos	59
Quelite soup	66
Red capon chilis	77
Red pipian	90
Red tamales	52
Runner beans with cream	65
Sailors' prickly pear leaves	68
Sapote jelly	103
Sauce for ham in pulque	16
Sweet corn soup	63
Sweet potato and guave dessert	102
Stuffed avocados	80
Tamales	45
Tlacoyos	41
Tlatloyos	41
Tortillas	37
Vanilla ice cream	123

LISTA DE RECETAS

	Página
Aguacates rellenos	80
Ancas de rana	92
Arvejones con charales	97
Atole	104
Cazuela de camarones	95
Cochinita pibil	54
Corona de frijol	73
Corundas	50
Chiles capones cocidos	77
Chiles colorados capones	77
Chiles verdes capones	76
Chilpachole veracruzano	95
Ejotes a la crema	65
Empanada de gallina	81
Exquites	62
Fabada	71
Gelatina de zapote	103
Gorditas de manteca	43
Guacamole	79
Gusanos de maguey	94
Helado de vainilla	123
Jamón en pulque	15
Lomo de cerdo con pulque	16
Mole de olla colorado	86
Mole de olla verde	88
Nopales con huevo	69
Nopales navegantes	68
Pan de muerto	27
Pipian rojo	90
Postre de camote y guayaba	102
Relleno para corona de frijol	74
Relleno para tamales	48
Salsa de chiles pasilla	42
Salsa para jamón en pulque	16
Sopa de elote	63
Sopa de quelites	66
Tacos de flor de calabaza	59
Tamales	45
Tamales de frijol	46
Tamales rojos	52
Tlacoyos	41
Tlatloyos	41
Tortillas	37

INDEX

Page

Cooks 5

Introduction 7

The Food of the Gods 12

The Offeings 12

Pulque 13

Hallucinatory Mushrooms 18

Day of the Dead 24

The Meals of the Emperor Moctezuma 30

Man and Maize 34

Of the Food which Gentlemen used to eat 37

Tortillas 37

Tamales 45

Corundas 49

Vegetation Gods 57

Prickly Pear Leaves 67

The Tomato 70

Beans 71

Herbes 74

Chilis 75

The Avocado 78

Stews 81

Moles 84

Frog's Legs 92

Fruits 99

Atoles 104

Cacao 107

Chocolate 108

The Legend of Chocolate 113

Vanilla 121

The Legend of Vanilla 124

Bibliography 129

List of Recipes 130

INDICE

Página

Guisanderas 5

Introducción 7

La Comida de los Dioses 12

Las Ofrendas 12

El Pulque 13

Hongos Alucinantes 18

Día de Muertos 24

La Comida del Emperador Moctezuma 30

Del Hombre del Maíz 34

De las Comidas que usaban los Señores 37

Tortillas 37

Tamales 45

Corundas 49

Los Dioses de la Vegetación 57

Los Nopales 67

El Jitomate 70

Frijoles 71

Yerbas Aromáticas 74

Chiles 75

El Aguacate 78

Las cazuelas 81

Moles 84

Ancas de Rana 92

Frutas 99

Atoles 104

El cacao 107

Chocolate 108

La Leyenda del Chocolate 113

La Vainilla 121

La Leyenda de la Vainilla 124

Bibliografía 129

Lista de Recetas 131

Samuel Martí

MUDRA . MANOS SIMBOLICAS EN ASIA Y AFRICA

Dibujos Zita Basich. 21.5 x 28 cm. 168 páginas con 30 fotografías y 55 dibujos del Códice Dresden. Rústica plastificado.

"Me interesa muchísimo desde el punto de vista histórico y artístico, y muy especialmente desde el punto de vista de la función simbólica de las manos... He quedado muy impresionado por el alcance extraordinario de este trabajo."

> "I am extremely interested from the historical and artistical point of view, and very especially from the point of view of the symbolical from the point of view of the symbolical function of the hands... I am impressed with the extraordinary scope of this work"

ERICH FROMM

Samuel Martí

MUSICA PRECOLOMBINA

MUSIC BEFORE COLUMBUS

2a. Edición de "Música Precolombina", revisada y amplificada por Gunhild Nilsson. 96 páginas con 44 fotos. Rústica.

La Música, la danza y el canto - trilogía inseparable del teatro - forma parte esencial de las costumbres y de las carencias de los pueblos americanos...
Dado a la variedad y cantidad de instrumentos que se han encontrado en las excavaciones, no cabe duda de que la música precolombina alcanzó una etapa de desarrollo comparable y tal vez superior a la de otras culturas contemporáneas de origen europeo y asiático.

Music, song and dance, the inseparable trilogy of the theater, are essential parts of the customs and beliefs of Ancient America... Due to the variety and number of instruments undercovered in excavations, there can be no doubt that Precolumbian music reached a level of development comparable, perhaps superior, to the contemporary cultures of European and Asian origin.

PRACTICAS MEDICAS EN LA AMERICA ANTIGUA *Miguel Guzmán*

MEDICAL PRACTICES IN ANCIENT AMERICA

16 x 23 cm. 244 páginas con ocho láminas a color y 41 dibujos. Rústicos platificado

Poco tiempo después de la llegada de los españoles a tierras americanas, se percataron y quedaron muy sorprendidios al ver que la práctica de la medicina estaba muy avanzada... La valiosa recopilación de 34 relatos sobre las ciencias médicas en la antigua América que contiene este libro despertará sin duda la curiosidad del lector interesado en la fusión de las culturas autóctonas e hispánicas que sustituyen nuestro brillante pasado histórico.

Shortly afther the Spaniards arrived in America they became aware of and were surprised at advanced medical practice which they found... The valuable collection of 34 accounts of the medical asciences in ancient America which this book contains will certainly awake the curiosity of the reader interested in the fusion of the native American culture with the Hispanic, which constitute our brillant heritage.

BRUJERIAS Y PAPEL PRECOLOMBINO *Bodil Christensen*
Samuel Martí

WITCHCRAFT AND PRECOLOMBIAN PAPEL

16 x 23, 96 páginas con 27 fotografías. Rústica plastificado.

"Considero esta obra única por su tema tan poco estudiado, por sus margníficas fotografías y por la autoridad y conocimiento de los autores".

"I consider this book unique for this its unusual theme, its excellent photographs and for the authority and field knowledge of this authors."

SIGVALD LINNÉ

The printing of this book has been finished
the 13th of September of 1991,
in the plant of Editorial Andrómeda, S.A.,
Av. Año de Juárez 226-C, 09070·México, D.F.,
in an edition of 1,000 copies.

Esta obra se terminó de imprimir
el día 13 de Septiembre de 1991,
en los talleres de Editorial Andrómeda, S.A.,
Av. Año de Juárez 226-C, 09070·México, D.F.,
en una edición de 1,000 ejemplares.